長嶋巨人　ベンチの中の人間学

元木大介
二宮清純

はじめに――元木大介という「別品」

元木さんは高校時代からイケメンでスターの匂いを振り撒いていました。しかし、どちらかというと〝昭和風〟のイケメンで、浅草マルベル堂のプロマイドにおさまっているタイプのように私の目には映っていました。要するに古風なのです。

それは野球においても同様のことが言えます。元木さんの〝ジャイアンツ愛〟はきわめて正統的かつ昭和的です。

今シーズンも優勝を逃すと巨人は5シーズン連続となり、これは球団ワーストとなります。いわば土俵際でのコーチ就任は、能力を買われたことに加え、生え抜き精神の導入で、チームに心棒を入れるという狙いもあったのではないでしょうか。

とはいえ、「元木コーチの参謀術とは何か?」をテーマに、この企画はスタートしたわけではありません。昨年の秋、最後の対談前に元木さんの内野守備兼打撃コーチ就任が決まり、慌てて最終章を付け足したというのが真相です。

当初の、そして本来の企画の狙いは、長嶋茂雄監督率いるスター集団にあって、さしてパワーがあるわけでもなく、足が速いわけでもない元木さんが、どのようにして生き残ってきたのか。それを探るというものでした。

プロ野球は、大胆に言い切ってしまえば「エース」と「4番打者」の集合体です。各地の〝お山の大将〟が狭き門をくぐって、12あるチームのうちのどこかにたどりつきます。

その中でも「球界の盟主」を自認する巨人は特別な存在です。「エース」と「4番打者」の総本山と言い換えることもできます。

長嶋さんから〝クセ者〟と命名された元木さんは、守っては内野ならどこでもこなせるユーティリティ・プレーヤーぶりを発揮し、打っては〝右打ち〟に磨きをかけ、独特のポジションを獲得しました。

巨人のユニホームを15年間も着続けることができたのは、存在そのものがオンリーワンだったからに他なりません。

元木さんと同時期にプレーした落合博満さん、原辰徳さん、清原和博さん、松井秀喜さんが〝別格〟なら、元木さんは〝別品〟でした。なかなか手に入らない特別な品という意味です。

何をやってもあの人にはかなわない。どんなに努力しても、あの人のようにはなれない。どんな組織にも〝別格〟は存在します。

しかし、これは自分にしかできない。この仕事は自分に適している。それを追求することで〝別品〟になることは誰にだってできるのです。

さぁ、〝元木塾〟の開講です。

2019年4月吉日

二宮清純

目次

第2章 俺が生き残る道——「クセ者」誕生

第3章 華やかさの裏で――それぞれの苦悩

第4章 長嶋巨人・ベンチの中の地図

第5章 やるからには勝つ！——元木コーチの決意

第1章

長嶋巨人のすごい面々

――このままでは生きられない

甲子園6発の大スター

二宮　2018年のドラフト会議では、1巡目に高校生野手3名が1位、それも3名全員が3、4球団から指名を受けるという珍しい現象が起きました。

春夏連覇の大阪桐蔭から根尾昂（4球団競合の末、中日が交渉権）、藤原恭大（3球団競合の末、ロッテが交渉権）、さらに報徳学園の小園海斗も4球団が競合し、広島が当たりクジを引き当てました。

例年に比べると高校生投手が今一つで、夏の甲子園を沸かせた金足農業の吉田輝星くらいしか1位候補がいなかった。大学生・社会人にも彼らを上回るスターが出現しなかった。そのせいもあると思いますが、それにしても高校生の野手がこれだけ注目されたのは稀なことです。

じつは、あのドラフトを見ていてふと思い浮かべたのが、今から30年前に甲子園を大いに沸かせた元木大介さんでした。

元木　それはありがとうございます。懐かしいですね。

二宮　元木さんは上宮高校（大阪）のショートとして3度甲子園に出場されていますが、特に注目されたのが１９８９年の春夏の甲子園です。

選抜大会で3本のホームランを放って俄然注目を集めると、夏にも1試合2ホーマーを放つなど活躍された。2年生の春も1本打っていますから甲子園通算6本塁打。これは今でも、あの清原和博（ＰＬ学園）に次ぐ歴代2位の記録（ＰＬ学園の桑田真澄と広陵の中村奨成が2位タイ）なんですね。

18年ドラフトの根尾、藤原、小園と比べても数字のインパクトは元木さんが上です。それだけでなく、センバツが終わってからは人気も絶大でしたから、当然1位だろうと僕らも見ていました。そして、89年のドラフト会議です。当時の福岡ダイエーホークスから1位指名を受けた。

元木さんは巨人からの指名を希望していた。巨人も1位で行けるものなら行きたかったようです。しかし、慶応大学の大森剛さんとの兼ね合いがあってそれが叶わず、1年間留年したのちに、90年のドラフトで1位指名を受け、巨人に入団したわけですね。

元木　そうでしたね。プロ入りはすんなりとはいかなかった。まあ、それも僕の運命ですからね。

長嶋復帰と僕の入団

二宮　元木さんと言えば第二次政権のときの長嶋巨人で活躍されたイメージですが、入団のときの監督は……。
元木　入ったときは藤田（元司）さんです。
二宮　藤田第二次政権のときですね。
元木　そうです。僕が91年入団で、藤田さんは92年まで監督をされていましたから、2年間ですね。
二宮　二軍の監督は？
元木　町田さんでした。
二宮　ああ、町田行彦さん。元木さんが一軍の試合に呼ばれたのは2年目の92年から？

元木　そうです。30試合ほど（34試合）ですから、ちょっと出たという程度ですけど。

二宮　92年が藤田監督の最後の年で、93年に長嶋第二次政権が誕生するわけですね。シーズン中から、藤田さんから長嶋さんに代わるらしいぞという話はあったんですか？

元木　いえいえ、僕らはまだ二軍だったので。一軍にいたらそういう噂も耳に入ってくると思うんですが、二軍だとまず自分の立ち位置のほうが厳しい状況なので、それはなかったですね。ただ、正式に藤田さんが辞められて長嶋さんが監督になられると聞いた時は、「うわっ、すごいな」と。

二宮　第一次政権の監督を退いたのが80年ですから、13年ぶりに長嶋さんが巨人のユニフォームを着るというので、巨人ファンでなくとも大変な盛り上がりでした。元木さん、長嶋さんの現役時代は……。

元木　世代的に僕らは現役時代の長嶋さんはリアルタイムで見ていませんし、最初に監督をされた時もまだ小学校の低学年くらいですから、あまり見ていないわけですね。でも、もちろん長嶋茂雄という名前は知っていました。

二宮　80年にユニフォームを脱いでからの12年間、長嶋さんは解説者の枠を超えて、オリンピックのインタビュアーを務めたり、スポーツとは関係のない番組などでも〝文化人〟として出演されていた。しかし、それだけでは世間は納得しない。「長嶋さんがユニフォームを着ていてくれるだけでいいんです」と涙ながらに訴える人など、長嶋さんの監督復帰を切望するファンは日本中にいたわけです。

元木　現役時代を知らない僕らでも、そういう野球界を超えた存在だということは理解していました。もちろん球界のレジェンドですが、長嶋さんはそれを超えた存在。戦後の日本人を熱狂させ、時代をつくった日本のレジェンドですよね。

そういう人が自分のチームの監督になると決まったわけですから、それは「うわっ」となりますよね。

長嶋さんとのファーストコンタクト

二宮　ご存知の方も多いとは思いますが、ここで74年シーズンをもって現役生活を終え、75年に誕生した第一次長嶋巨人時代から93年に第二次長嶋巨人が誕生するまでのことをちょっと整理しておきましょう。

長嶋さんが巨人の監督を務めた年月は二期合わせて15年に及びます。現役を引退した翌年の75年、V9監督の川上哲治さんからバトンを受け、始まった第一次長嶋巨人時代。このときは王貞治さんをはじめ、まだV9メンバーの多くが残っていましたが、そろって世代交代を迫られる年齢にさしかかっていた。次世代を担う若手も、まだその候補に過ぎなかった。

そういう状況下で監督に就任した長嶋さんは、巨人史上初となるペナントレース最下位という苦難の船出を強いられました。そこで翌年、大きなテコ入れに乗り出します。パ・リーグで7度の首位打者に輝いた張本勲さん（日本ハム）、先発でも抑えでもいける加藤初さん（太平洋クラブ）をトレードで獲得した。

すると、彼らの活躍に加え、投手陣では新浦寿夫さんや小林繁さん、野手では柳田俊郎（真宏）さん、淡口憲治さんといった選手の台頭もあって、最下位からリーグ2連覇というV字回復を達成した。ところが優勝はこの2年間でストップし、78年からは2位、5位、3位と低迷。その前には9連覇を達成し、巨人のフロントにもファンの頭の中にも〝常勝巨人〟が植え付けられていた時代ですから、ミスター・ジャイアンツ長嶋といえども厳しい状況に追い込まれていったわけです。
そして80年のシーズンをもって辞任。そこから12年、ユニフォームを着ることがなかったわけですから、長嶋さんがプロ野球に帰ってくるなり日本中が沸き返ったのも当然です。そのタイミングで元木さんの一軍での活躍が始まるわけですが、長嶋さんの最初の印象はどうでしたか？

元木　やはりふつうの人とは雰囲気が違いますよね。僕らは映像でしか見たことがなかったけれども、昔監督をされていた時の姿もテレビなどで見ていましたからその印象は持っているじゃないですか。そこで見ていた長嶋さんと何一つ変わらないというか。
最初に監督をされた時の背番号が90番で、このとき最初は33番だったでしょう。そこだけが違う感じで、スタイルからユニフォームの着こなしから、あの絵になる長嶋さんは何も変わっていない感じがしました。

二宮　最初に長嶋さんと話したのはいつですか？

元木　入団した年、91年ですね。二軍でジュニア選手権という大会があって、そこで活躍して優秀選手に選ばれたんですよ。その時に長嶋さんがプレゼンターで来られていて、トロフィーを渡してくれたんです。長嶋さんを間近で見たのは、その時が初めてですね。

二宮　なにか言われました？

元木　いやもう「おめでとう。頑張りなさい」と。「ありがとうございます、頑張ります」という程度ですけど、とにかくもう「あ〜、長嶋さんだ〜」という印象ですよね。やっぱりオーラが違いますし、とにかく絵になる人ですから。

「背番号3」を披露した日

二宮　長嶋さんのユニフォーム姿は、復帰した93年のキャンプのときに？

元木　そうですね、宮崎キャンプの球場に車でやってきて、降りてパッと手を挙げると観客がワーッとなるところからじつに様になっていました。僕ら選手も「おおっ！」となりましたから。連れているマスコミの数もすごかったし、完全に別格。存在している次元が違うという感じです。

二宮　その時は33番ですね。のちに広島から江藤さんが移籍した時に33番を譲って、長嶋さんは永久欠番の3番を付けることになった（00年）。あの時のフィーバーもすごかった。

元木　もう大変な騒ぎでしたから。キャンプの初日、いつ3番を披露するのかということで朝からザワザワして、ものすごい数の観客とマスコミが集まっていました。

あのとき長嶋さん、グラウンドコートをなかなか脱がなかったんですね。誰かの演出じゃないかと思うほどで、いい具合にみんなじらされて。

二宮　みんなその瞬間を見逃すまいと、いつも以上に長嶋さんの一挙手一投足に釘付けになっていた。そして、期待と興奮がピークに達した頃を見計らったように……。

元木　さっとコートを脱いだんですよ。それがまたカッコよくて、もう「わっ!!」って、拍手と大歓声が上がりましたから。長嶋さん、野球人なんですが、国民的アイドルかっていうくらい。テレビも新聞もトップニュースでしたから。

二宮　野球でもスポーツでも芸術でもなく、「長嶋茂雄自体が一つのジャンル」と言われるゆえんですね。

長嶋巨人のすごい面々

元木　僕にしてみれば、そんな長嶋さんが見に来られている時にたまたま打てて、長嶋さんから表彰を受けた。その人が2年後に自分のボスになるわけですから、いい時に活躍できたなと。その時、多少なりとも「元木」という名前が長嶋さんの中に入ったかな、というのはありますね。

二宮　長嶋さんにとって、元木大介という選手のファーストインプレッションは悪いものではなかったはずだと。

元木　実際覚えていてくださったかどうかは分かりませんけど、自分に良いイメージを持ってくださっているだろうと思うだけでも、こっちの気持ちが違いますよね。

二宮　ポジティブな性格の元木さんだから、なおさら力になりますね。

さて、ここからが本題です。

1993年に始まって2001年までの9年間続いた第二次長嶋巨人時代。長嶋さんがユニフォームを脱がれて今日まで18年の歳月が流れたわけですが、ベンチを飾ったメンバーの顔ぶれは即座に何人も思い出すことができます。

主なメンバーを書き出してみましょう（カッコ内は巨人在籍年度）。

■生え抜き投手

槙原寛己（82～01）
斎藤雅樹（83～01）
香田勲男（84～94）
桑田真澄（86～06）
石毛博史（89～96）
河原純一（95～04）
上原浩治（99～09）

■生え抜き野手

篠塚和典（76～94）
駒田徳広（81～93）
原辰徳（81～95）
吉村禎章（82～98）
岡崎郁（82～96）
川相昌弘（83～03）
村田真一（84～01）
緒方耕一（89～97）
吉岡雄二（90～96）
元木大介（91～05）
松井秀喜（93～02）
清水隆行（96～08）
仁志敏久（96～06）
高橋由伸（98～15）

二岡智宏（99～08）

■移籍組投手

阿波野秀幸（95～97）
川口和久（95～98）
河野博文（96～99）
工藤公康（00～06）

■移籍組野手

落合博満（94～96）
広澤克実（95～99）
清原和博（97～05）
石井浩郎（97～99）
江藤智（00～05）

■外国人投手
バルビーノ・ガルベス（96～00）
趙成珉（96～02）
ダレル・メイ（00～01）

■外国人野手
ジャック・ハウエル（95）
シェーン・マック（95～96）
ドミンゴ・マルティネス（99～01）

まだまだいますが、こうして書き出してみると、ある年のオールスターゲームの出場メンバーじゃないかと思うくらい錚々《そうそう》たるメンバーです。

元木　僕なんかは、この中に入れてもらって申し訳ないみたいな（笑）。

二宮　元木さんもスター軍団の一員だったわけですが、さすがにこのメンバーの中に入ると、ベンチの中で大きな顔をしているわけにはいかない（笑）。

元木　いや、本当ですよ。こんな人たちの中でどうやって生きていったらいいんだろうと（笑）。

二宮　元木さんはそんなチームで15年間プレーしたわけですが、野球はもちろんのこと、野球以前にもすごく大変な部分があったのではないかと想像します。

そこで、長嶋巨人の人間関係、あるいは力学といいますか、それはどういうものだったのか。そして、その中で元木さんはどうやって生き残っていったのか。そのへんを元木さんならではのエピソードも交えながら語っていただきたい。そして、明日の巨人がどうあるべきかというあたりにも踏み込んでいきたい、というのが本書のテーマです。

「細かい野球で生き残る」が発想の原点

二宮　先ほど書き出したメンバーを見ると、ＦＡ制度が始まってからの長嶋巨人は、各球団の主砲だった選手ばかりを集めた印象がありました。

ヤクルトのキャッチャー古田敦也（90～07年）をして、「巨人打線は、一難去ってまた一難」と言わしめたくらい、次から次へとビッグネームが登場する。

元木　落合さん、広澤さんと球界を代表するような4番バッターと生え抜きの松井、そこにメジャーリーガーだったハウエルとマックが加わった年がありました。

二宮　ヤクルトで3年やって移ってきたジャック・ハウエルとツインズから来たシェーン・マックですね。ハウエルが巨人にいたのは1年だけですから、95年の話ですね。

元木　95年だとまだ僕がプロに入って4年目。年間100試合も出られていない頃です。これからもっと試合に出るようにならなくちゃいけないのに、あんな人たちとまともに勝負しても到底勝ち目はない。出番が増えるどころか、下手をすれば大きく減ってしまう可能性がありました。あの時はほんとどうしようかなと思いましたね。

二宮　こんな人たちの中で生き残るにはどうすればいいかと。

元木　そうです。そこで考えました。

オール4番みたいな打線ですから、みなさん、細かいことは気にせずガンガン振りにいくわけじゃないですか。ただ、野球はそれだけでは勝てない。失点を防ぐ守備も必要だし、ランナーをスコアリングポジションに送るバントやランナーを進めるバッティングをする人、しぶとく塁に出るつなぎ役も必要なわけです。

でも見渡すと、細かい野球をやる人は川相さんしかいなかった。「そうか、じゃあ、自分も細かい野球で生き残ろう」と。そこが発想の原点になりました。

ただ、川相さんと争っても、バントのうまさは絶対に負けるし、守備も勝てません。では、自分は何で勝負するか。そう思った時に「右打ち」というのが出てきたわけです。当時のバッティングコーチだった武上（四郎）さんに「右打ちをやりたいんですが」と申し出たんですね、そうしたら、「そうか、やれやれ」と言うので、それを徹底的に練習した。

右打ち＋配球読み

二宮　あのしぶとい右打ちがそこから出てくるわけですね。ところで、右打ちはすぐ身につきましたか？

元木　まあ、不器用なほうではなかったので、右打ちの形、技術的な部分は意外に簡単にできるようになったかなと。

ただ、やっぱりプロですから、三振を取りたい時とゲッツーを取りたい時ではピッチャーの配球が変わってくる。ランナーがいる時、いない時でも変わってきますよね。ある程度そのパターンを頭に入れることができれば、右に打てる確率はぐんと上がります。だから配球を勉強しましたね。そうしたらすごく楽になりました。

二宮　バッターに高い確率で配球を読まれたら、相手ピッチャーは嫌でしょう。

元木　そうですね。簡単に言えば、僕の場合は力勝負ができない。できないというか、ある程度はできるかもしれないけど、それをやってもあのチームでは目立たないということですよね。

パワーなら僕よりはるかに上の人たちがたくさんいる。とくにあの頃の長嶋巨人はそんな選手ばかりをそろえたチームだった。だから力勝負をしても生き残れない。そう思ったんです。

二宮　逆に言えば、力自慢のバッターばかりだから、彼らとは違う、自分が生きるための別の道を探す必要に迫られたということですか。

元木　そうですね。パワーヒッターばかりのチーム状況にあって、自分の力を冷静に見つめたとき、同じ道を行っては自分の存在感がなくなってしまうということでしょうね。だったら違う道を行ったほうが自分の価値が認められる、このチームで生きていく道が拓ける可能性がある、と気がついたということですかね。自分の立ち位置が明確になりました。

二宮　そこで右打ちだと。

元木　うまくいくかどうかは分からなかったけれど、そこを目指してやるしか生きる道はないと明確に意識できたので、その部分を伸ばせていけたのかなとは思います。

二宮　そこが元木さんの賢さですよね。

プロ野球に入ってくるバッターというのは、ほとんどの場合、アマチュア野球で3番、4番を打った人たちですよね。元木さんもそうだった。しかも元木さんは甲子園で6本もホームランを放った、昔風に言えば〝超高校級のスラッガー〟です。

「甲子園でホームランを打ちまくった元木だ」という目で周囲からも見られると思うんです。そういう選手が右打ちへと意識を変えるのは、そう簡単ではないはず。

事実、プロで生きていくための適正な自己評価ができずに出場機会を失っていく選手は山ほどいる。元木さんの場合はチームの状況を見ると同時に自分を客観視し、４番をそろえた長嶋巨人という場に賢く適応していったということだと思います。

元木　そう言っていただけるとうれしいですけど、あのメンバーだったから頭の切り替えがうまくいったのだと思いますね。実際、パワーで勝てる気がしない人たちばかりでしたから。あれがパワーでもそんなに負けない人たちが多いチームだったら、もっと悩んだかもしれません。

プロ野球選手はとにかくデカかった

二宮　長嶋さんが巨人に戻ってきた頃、インタビューさせてもらったのですが、このチームはちょっとサビついているから、まずサビを落とすんだ、というようなことをおっしゃっていました。たとえば、駒田さんなどは微妙な立場に立たされた。

元木　そうでしょうね。長嶋さんが復帰された93年にFAで横浜に移籍されました。

二宮　駒田さんとか岡崎さんとか、藤田監督の時代に活躍した選手たちがそろそろ世代交代だということで、若い選手たちを起用したい。元木さんもその選手の一人でした。

元木　そうなんですかね。あの時は吉岡もいたので。松井が入るまでは、僕と吉岡が期待されている部分はあったと思うんですけれどもね。

二宮　帝京高校で甲子園の優勝投手だった吉岡雄二さんですね。

吉岡さんは89年のドラフト3位ですか。最初は故障があってリハビリで出遅れましたが、92年に内野手に転向してから頭角を現した。長嶋さんが復帰した当初から期待を表明していた選手でした。93年から一軍でも使われ始め、94年にはイースタンでホームランと打点の2冠王になっていますね。

元木　バッティングセンスが光っていましたからね。

二宮　長嶋さんは吉岡さんの打球を「品のいい打球」だと言っていました。長嶋さん独特の表現ですが、泥臭いヒットではなく、きれいな当たりを飛ばすというのに近いのかな。少なくとも悪い意味ではない。だったら、もっと使ってやれば……と思いましたけどもね。長嶋さんが復帰すると同時にヤクルトからやって来た長嶋一茂さんとの兼ね合いで苦労した感がありましたね。

元木さんが入団した当時のレギュラーメンバーというのは、ショートが川相さんで、セカンドは……。

元木　篠塚（和典）さんですね。

二宮　守備もバッティングも一流です。

元木　篠塚さんがちょっと腰の問題などが出はじめて、緒方（耕一）さんがセカンドに行ったりセンターに行ったりという時期ですね。

二宮　中畑清さんは？

元木　中畑さんは89年が最後の年で、僕と入れ代わりです。

二宮　なるほど。ファーストが駒田さんで、サードが現監督の原辰徳さん。すごいメンバーではありますよね。

元木　なんと言っても原さんがいて篠塚さんがいて、僕らが子どもの頃、テレビで見ていた人たちです。正直言って、あのメンバーを見たらここでやっていけるのかなと思いましたね。

二宮　当時、とくに巨人戦は、毎試合テレビ中継していましたからね。テレビで見ていた人たちと会うというのは、やはり違うものですか。

元木　テレビ中継が巨人中心でしたから、アマチュア選手にとって巨人の選手はとくにスター。憧れの人たちですからね。

　ただ、最初はユニフォーム姿を見て「テレビと同じだ、カッコいいな」と思うだけですけど、よく見ると、自分と体が全然違いますからね。大きいですから、みんな。

二宮　なるほど。最近、甲子園の始球式を見ていたら、ハマの大魔神・佐々木（主浩）さんがマウンドに立っていたんですよ。そうすると、やはりデカイ。高校生がモヤシみたいに見える。西鉄ライオンズの大打者・中西太さんが出てきても、まずガタイがでかいですよね、背はそれほど高くなくても。元木さんもそこに驚いたと？

元木　初めて一軍のグアムキャンプに行った時、たまたまグラウンドでちょっとしたミーティングがあったんですよ。その時、パッと横を見たら駒田さんと槙原さんがいて、

「うわっ、でかい人がいるな」と思って。僕も高校では、そんなにちっちゃいほうではなかったですけど。

二宮　また二人ともデカイから。元木さんで180センチぐらい。

元木　はい。でもプロはやっぱり違うなって思いましたね。

二宮　駒田さんは191、槙原さんも85以上はあるでしょう、80台半ばから後半という選手はゴロゴロいましたからね。清原さんも80台後半ぐらいでしょう。

元木　そう、まさに巨人軍（笑）。

斎藤雅樹のボールに唖然

二宮　プロに入ったばかりの選手からよく聞くのは、最初の挫折と言いますか、ピッチャーだったら、キャンプのブルペンで投げる先輩投手たちのスピードが全然違う、このままじゃダメだと思ったと。元木さんの場合、このままじゃダメだなと思ったのは、どんな時でしたか？

元木 やはりキャンプの時ですね。子どもの頃から原さんは巨人の4番でホームランバッターのイメージが刷り込まれているから、スタンドにポンポン放り込んでも驚かない。さすが原さんだと思うだけで。

ところが、ホームランのイメージがない篠塚さんまでボンボン放り込むんですよ。こっちは一生懸命打っても、時々「ああ、やっと越えた」みたいな感じなのに。それで「なんてところへ来ちゃったんだろう」と。

二宮 シーズンが始まったら、だいたい年間ひとケタのホームランしか打たない篠塚さんが簡単にフェンスを越えていくと。

元木 ええ、練習だったらボンボン打つので。これはえらいとこに来ちゃったなと。こっちも一応高校野球の時は、ホームランバッターでやっていたわけですが、1年間浪人して入ったので、打球の勢いが出ない。必死になって打っても、ついていけるような感じではなかったですね。

二宮 やっぱり1年のブランクは大きかったんですね。もし浪人せずにそのまま入っていたら、もっと体が動いたと?

元木　動いたと思います。あれで動きも鈍くなったし、一番は目がついていかないというか。浪人中もハワイで野球はやっていたんですが、アマチュアの草野球みたいなところですから、そのレベルに目が合ってしまっていた。それで、プロの人のボールを見た時に「うわっ、すごいな」と。

それはもうキャッチボールの時から感じました。野手が投げてくるボールが、草野球のピッチャー以上のボール。軽く投げているんだろうけど、すごく伸びてくる。

二宮　なるほど、投手以前に、野手の投げるボールがすごいと。

元木　そうなんですよ。その時、藤田さんが、「元木、ちょっとブルペン行ってこい。今、斎藤（雅樹）が投げているから、打席に立たせてもらえ」と。それで、言われるままにブルペンに入って、斎藤さんに「お願いします」と。

二宮　当時の斎藤さんと言ったら、元木さんがプロ入りする直前の89年、90年と連続20勝していますすね。つまりは巨人の大エースにいきなり……。

元木　そうですよ。心の中で、「うわっ、斎藤だ」という感じです。

斎藤さん、1球目からズバッと投げてきて、その球を見た瞬間、仰天しました。まだキャンプも序盤だというのに、スゲェ球投げてくるなと。これがプロ、これが20勝するピッチャーなんだと思い知らされましたね。

斎藤さんもわざとインサイドへズバッと投げてきて、こっちが目を丸くしているのを見て笑ってるんですよ。だから、あの1年目のグアムキャンプというのは、どうしよう、どうしようの連続でした。

二宮 高校生で横からあんな速いボール投げる人はいないでしょう。

元木 いません、いません。斎藤さんでも、途中まではそれほど速いと感じないんですよ。ただ、ベース板を通過するときが本当に速い。途中からボールが加速しているんじゃないかと思うくらいで、高校生とは全然違いました。

二宮 伸びが違うわけですね。20勝した当時の斎藤さんと言えば、防御率が1点台、1・6とか1・8とか、悪くても2点台前半。スーパーエースです。

スローイング矯正から始まった守備練習

二宮　野手のキャッチボールの球がすごいという話が出ましたが、当時の野手は岡崎さんでも元はピッチャーでしょう。プロではピッチャーをあきらめ野手になった人が多かった。

元木　そうですね。川相さんだって甲子園（岡山南高）で投げていますよね。だからみんな元々肩が強いところへもってきて、野手になってプロの野手仕様のスローイングを叩き込まれたんでしょうね。軽く投げている感じでもスーッと伸びて落ちてこないボール。ああプロは違うなぁと思いましたね。僕もスローイングにはそこそこ自信があったんですけど、ずっとスローイングの練習をやらされましたね。

二宮　自信があったスローイングのどこが悪かったんですか。

元木　プロの野手としての投げ方じゃないっていうことですね。捕ってからガッと力を入れて投げるような感じだったのを、捕ってからもっと速く投げなさい、それには素早く、軽快なスナップスローを覚えなさい、とずっと言われて。

二宮 なるほど。やっぱりプロですから足の速さも高校生とはレベルが違う。ゲッツーを取ろうとしたら時間がないから、短時間で処理しなければいけない。

元木 そうです。正確に速く、相手が捕りやすいボールを投げなさいということですね。だから、僕だけじゃなくて最初は松井でもスローイングを直された。そうすると野球を始めた頃の、小学生の気持ちになっちゃうんですよね。最初は「スローイングなんてできるし」って思ったんですけど、やっぱりプロは違いましたね。

二宮 守備のイロハの手ほどきは誰から？

元木 上田武司さんと、付きっきりで教えてもらったのは近藤昭仁さんですね。と言っても、目の前に一番のショートがいたので、それがすごいお手本になりましたね。

二宮 川相さんですね。当時、ずっとゴールデングラブ賞を獲っていましたからね。守備とバントで生き残り、一流になった人です。

元木 見た目で言うと、やっぱりノックを受けても構えてから捕って投げ終わるまで、いや、ファーストが捕り終わるまで頭の位置が一緒ですよね。もう、本当に低い姿勢のまま動けるし、投げられるし。常にボールの正面に入れる動きも良かったですね。派手さはないんですけど、正確でした。

二宮　頭の位置を変えるなっていうのは、篠塚さんに教わったと川相さんが言っていましたね。ポジショニングにしても、篠塚さんは決して足は速くないけど、必ず打球が飛んでくるところにいると。そういう読みの部分も含めて派手じゃないけど、うまかったですよね、篠塚さんは。

元木　うまいですね。篠塚さんとは一緒に僕もセカンド守った時があったのでよく見ていたんですが、本当にちっちゃいグラブを使っていて、捕ったらすぐ右手にボールがある。だから捕るというよりも「当てる」ですよね。そういうプレーが篠塚さんと川相さんの二遊間。ゲッツーの動きにしてもやっぱり早かったですね。

二宮　なるほど。最短時間で処理するためにグラブは当ててるだけで、あとはすぐに右手に持ち替えて投げると。

宮本慎也（現ヤクルト・ヘッドコーチ）さんに話を聞いても、やっぱり一番大事なのはスローイングだと言いますね。捕っても最後がダメな人はダメだと。それで練習しているうちにイップスになっちゃう人が多いというんですね。内野から外野に転向する人は、だいたいスローイングで失敗した方が多いと。

元木　そうです、スローイングでおかしくなっていきますね。松井もそうだったし、中日に入った時はショートだった福留（孝介・阪神）もそうでした。

中日の高代（延博）コーチが、「元木、見とけよ。福留を日本一のショートにしてやるから」と言っていたのが、すぐに外野にコンバートされた。あれっ？　と思ったのですが、やはりスローイングの問題。でも外野に行って成功しましたからね。内野から外野へ行って成功した例では田口（壮）さんが一番ですかね。

二宮　そうですね。メジャーリーガーになり、ワールドシリーズでも活躍しましたから。

元木　田口さんは、ショートから投げたボールがファーストベンチに飛び込んでいたぐらいでしたけど、でも外野に行ったら正確に投げれるんですよね。最後はメジャーリーガーになったわけですから、すごいですよね。

二宮　ある人に、ケガの影響で足の動きが悪くなった広島の前田智徳さんを、ファーストにコンバートしたらどうですかと聞いてみたことがありますが、ダメだと。足の悪い前田さんはワンバウンドをうまく捕れないだろうから、若手の内野手がイップスになってしまうと（笑）。

元木　捕らないと言えば落合（博満）さんもそうでした。キャンプ中なんて、もう顔の周りしか捕ってくれないので、常に「すいません」っていう感じで。

試合中でも1、2塁間のゴロを精一杯捕ってファーストに投げたら、低いところに行っちゃって、そのあと「どこへ投げてんだ！」と言って、思い切り投げ返されました。あれで何人かはイップスになったかも（笑）。ファーストに清原さんが行った時もそれに近いことがありました。ファーストの人って、だいたい大御所になってから来る人が多いじゃないですか。若い選手がファーストというのはあまりないので。

二宮　古い話ですけど、巨人の川上哲治さんの現役時代晩年の守備率が9割9分8厘とかすごい数字であることを知って、「すごいですね」と広岡達朗さんに聞いたら、「何言ってるんだ。川上さんはワンバウンドは捕らないからその数字なんだ」と。真ん中に投げないと捕ってくれないからエラーがないんだって（笑）。

元木　ファーストってだいたいは4番バッターで、ベテランになってくるとキャンプ中なんかは本当に捕ってくれないですから。そのたびに若い野手は焦りますよね。

でも、そこでイップスになるかならないかは、本人の性格、メンタルの部分だと思うので。僕は「すいません！」と言っておけば、試合になったら捕ってくれるだろうくらいに思っていました。それに、逆にそのくらい厳しいから、正確に投げなきゃという意識が高まって、実際に投げられるようになりましたね。

「イヤな選手」になるのが生き残る道

二宮　そういう守備面でのプロの壁、バッティングでもホームランバッターのイメージだった自分との葛藤、そういうものと闘いながらも自分の生きる道を見定め、しぶとく生き残っていったということですね。

会社員だったら、どこの部署に行っても自分を生かす道を見つけて、生き残っていく人。そういう意味において、たぶんあの時代の長嶋巨人で本当にすごかったのは元木さんじゃないかと思います。よく生き残れたという意味において（笑）。

元木　さっきお話ししたように、入った時はこんな人たちの中でどうしようかと、そればかりでした。でも、甲子園を騒がせ、プロ入りの時も騒がせた自分ですから、このまま出番がなくなって消えていきたくないという思いはありました。そういう気持ちがどんどん強くなってきて、このチームで2割6分、ホームラン10本ぐらいだったらレギュラーは取れないなと思ったときに、じゃあ何ができるかを考えましたね。それで、川相さんともう一人、違った意味での「イヤな選手」がいたらいいかなというのが結論です。

二宮　それが打っては右打ち、守ってはユーティリティーだと？

元木　そうですね。さっきの篠塚さんの話じゃないけど、「あれっ、あいつ、いつの間にあんなところに守っていたんだ」とか思われるような選手。相手が嫌がる選手になりたいなっていうのがありました。

二宮　そのためには、誰よりも野球を知らないといけませんよね。

元木　比較的子供の頃からそういう考えることは好きで、バッターのクセとか飛ぶ方向とかを見ていて、「あっちに飛ぶからあそこで守れ」とか偉そうに指示していたことがありました。

二宮　なるほどね。ピッチャーは別として、4番ショートというのは、アマチュア野球の花じゃないですか。そこから、2番セカンドとか、7番、8番でサードとか、山の頂から裾野へと下りていく自分に違和感はなかったですか?

元木　右打ちを考えた時にはもうなかったですね。キャッチャーを除く野手は7人。その7人の中に、何番でも、どのポジションでもいいから入らなきゃいけないというのが先だった。とにかく打席に立ちたい、グラウンドに立ちたいという思いが強かったですね。

「ベンチに座る」の次は「試合に出る」

二宮　でも、できたらショートで勝負したい、クリーンアップを打ちたいという思いもあったでしょう。最初のうちは。

元木　もちろん最初はそうでしたけど、入ってみたら、そんなことを言っていたら生き残っていけんぞ、と。とにかくまずは試合に出る。というより、まずはベンチに入らなきゃいけないと思ったんですよ。高校1年生みたいな感覚ですね。ベンチに入らない限り試合には出られないので、まずベンチに入りたいっていう。

二宮　なるほど。で、まずは「ベンチに座る」はできたと。そうすると次は「試合に出る」となりますね。

元木　そうです。ピッチャーが早い回で崩れたら、セ・リーグはDH制がないですから、ピッチャーに打席が回ってくる。チームにとってはピンチですが、若手にチャンスが回ってくるとしたらそういう時ですよね。

そこでなんとか結果を出したいと。ただベンチに座っているのもイヤですから、なんとか1打席回ってこないかなということですよね。終盤になってくるとベテランの代打陣が控えているので、ピッチャーが早く打たれた時が僕らのチャンスなんです。

二宮　一軍での初出場、初ヒット、初ホームラン。元木さんの場合は何が一番うれしかったですか?

元木　まあ、初ヒットは当然うれしいですけど、初ホームランはやっぱりうれしかったですね。ただ、それよりも開幕一軍に入れた時のほうが……。

二宮　92年ですね。

元木　はい。もうキャンプ、オープン戦の時から一軍に行きたい、行きたいという思いが強くありました。

オープン戦も後半になると主力組の調整段階になって若手の出番はなくなるので、なんとか前半のうちにアピールしようと。「ええと、ピッチャーが11人とすると野手があと何人かぁ」とか名前を書きだしながら数えていく。すると「あと3人あふれるな。こりゃ、どう考えても俺かなぁ」とか、そんなことばかり考えていましたね。

二宮　アメリカではマイナーリーガーは選手会にも入れない。メジャーリーグ選手会ですから。

元木　そうですね。やっぱり一軍にいないと、「俺、プロ野球選手です」って言えないと思ったので。

二宮　マイナーリーガーですもんね。

元木　そうですよね。マイナーリーガーが「俺、あそこのマイナーなんだ」って言っても、「へぇ」で終わりでしょう。「あいつメジャーの選手だな」って、周りから言ってもらいたいという思いで一杯でした。

第2章

俺が生き残る道

――「クセ者」誕生

采配をしない野球が一番

二宮 92年に元木さんが一軍のベンチに入った時の開幕戦のメンバーですが、緒方さん、川相さん、篠塚さん、原さん、駒田さん、岡崎さん、ゴンザレス。バッテリーが槙原さん、吉原さんと。錚々たるメンバーですけど、この後、もっとすごくなるんですね。落合さんが入ってきた。

元木 駒田さんと入れ代わりだったので、94年ですね。

二宮 松井さんが93年に入団して、翌94年に落合さんが来て、95年に広澤さん。清原さんと石井さんが97年ですね。そうやって「オール4番」みたいな感じになっていった。先ほどの話だと、ジャック・ハウエルが来た95年に危機感を抱いたと。

元木 「ヤバイな、こんなの勝てっこないよ」と思いましたね。でも、4番ばかりじゃダメだろうし、4番ばかりなら逆に俺みたいのが目立つかなと思ったんですよね。どんな人でもホームラン50本打つのは難しいわけだから、それなら50個の細かい野球をやるほうが目立つんじゃないかなと。

二宮　当時、長嶋さんに「なぜ4番バッターばかり獲るんですか」と聞いたことがありました。そうしたら「いや、采配をしない野球が一番お客さんが喜ぶ野球なんですよ」と。ドリームチームの発想ですよね。

元木　ベンチは何もしなくていいという。

二宮　采配がいらない、采配を捨てるというのは、ある意味すごいなと思いましたね。長嶋さんは人知の及ばない人だと（笑）。

元木　確かに。盗塁とかエンドランとかできる選手がいなかったですからね。

二宮　いないですよね。日本人は大砲ばかり、外国人のジャック・ハウエルもシェーン・マックもメジャーリーグでの実績があります。

元木　特にマックはバリバリですからね。でもマックはまじめでしたね。打てなかったらベンチ裏でバットスイングをしていましたし、落合さんに聞きに行ったりもしていましたからね。

二宮　ちょうど野村ヤクルトが強い時期で、そのヤクルトからハウエルや広澤を獲ったわけでしょう。ライバルチームからクリーンアップを打っていた人がくるというのは、どんな気持ちなんですか。

元木　うーん、僕らにしてみれば、もう途中からジャイアンツはこういうチームなんだというのがあったので、また今年も４番が来たという感じでしたけど、むしろ来た人のほうがイヤだったんじゃないですか。

二宮　もうＦＡ慣れ、メジャーリーガー慣れしてしまったと？

元木　当時のプロ野球は、まだＦＡがそんなに活発ではなかったので、ジャイアンツは何をやっているんだと言われたんですけど、今はＦＡ移籍なんてふつうじゃないですか。メジャーならもっとふつうじゃないですか。ジャイアンツはそういう野球をやるんだなと、僕らはそれがふつうになってしまったので。今年は誰を獲るんだろうとか、そういう感覚でしたね。

スタメンに生え抜きがいない⁉

二宮　巨人はもともと生え抜きでV9までしたチームですから、移籍組と生え抜き組の軋轢みたいなものはなかったですか？

元木　それはなかったですね。大物の移籍組がどんどん増えてきて、レギュラーは生え抜きのほうが少なくなってきているのもありましたし。

二宮　アハハハ。確かにそうだ。ちなみに、95年の開幕スタメンを見てみましょうか。すごいメンバーです。

1（二）岡崎
2（遊）川相
3（右）松井
4（一）落合

5（三）ハウエル
6（左）広沢
7（中）マック
8（捕）大久保
9（投）斎藤雅

元木　やっぱりそうですよね、この時も生え抜きは1番から3番まで。投手の斎藤さんは別として、あとは全部4番から8番まで全員移籍組じゃないですか。

でも面白いのは、こうなると逆に、さっき4番バッターばかりだから小技で生きるほうが目立つんじゃないかと思った、と言ったのと同じように、「俺、生え抜きですよ」みたいな感じになってくるんです。

やはり生え抜きはどこかしら移籍組と違いますから、「俺、生え抜きで一軍の試合に出ている数少ない選手なんだぜ」と、得をしているような気持ちにもなってくるんです。

他球団から来た選手がレギュラーとって、生え抜きの選手が外されている中、なんとか生き残っていけた。そうなると、なおさら生え抜きで良かったなと思えてきましたね。

松井秀喜だけは別格

二宮　セカンド、ショートは守備のキーマンです。だから生え抜きが生き残っていけるポジションでもありますよね。これがファーストか外野しかできない大砲だったら、次が育ったところで取って代わられます。

元木　だから、僕が甲子園のイメージを引きずってずっと4番を追っかけていたら、たぶん10年ももたなかった。それどころか一軍でやれていないと思います。

二宮　元木さんは、内野はどこでも守れたのでまだ生き残る道があったけど、逆にクリーンアップしか打てない人は大変だったでしょうね。

元木　僕らより大変だったと思いますよ。

二宮　ですよね。打撃成績がすべてですから、そこが落ちるとFA選手や外国人に取って代わられる。

元木　はい。でも、その中で明らかに扱いが違ったのは松井です。松井を4番に育てる。これはもう明らかな方針で、みんな分かっていた。だから逆に、ずっとプロで4番しか打っていなかったような人たちが、松井が育って4番に座ったときに5番、6番とだんだん打順が下がっていく。その時、あの人たちのプライドはどうだったんだろうとか今、思いますね。逆に、俺は何番でもいいからジャイアンツのためにという人が何人いたのかなとも。

とばっちりを食らった二人の外国人

二宮　当時、長嶋さんの考えがよく分からなかったのが、台湾から来たルイス・デロスサントスです。誰が見ても下手なんですよ、動きも悪い。でも長嶋さんの見方は違った。「皆さん、見る目ないですねえ。名サードの僕が言うんですよ、あれはうまいんです」って。

元木　僕は一番とばっちりを受けた選手でした。

二宮　最大の犠牲者だったと？

元木　そうなんですよ。オフに台湾のイチローが来るとかスポーツ紙に出て、おいおい、すげえのが来るぞと思っていたら、すごくでかい選手が来て、どんくさそうに見えたんです。正直「こいつがイチロー？」と。

でも台湾で4割打ったと言うから、すげえんだろうと思ってキャンプ初日から見ていたんですが、ノックを受けていても「あれっ？」としか映らなかった。でも、「俺はまだ体ができてないから、開幕に合わせてるから」と言っているのを聞いて。おお、そうかと思っていたんです。

でも結局、オープン戦でサードゴロが来てもあまりにも動きが鈍い。肩も弱いからふつうのゴロがセーフになってしまう。バッティングでもポテンヒットみたいなのを2、3本打っただけ。

そうなったら「俺を使ってくれれば、10本はヒット打ってましたよ」と思いますよね。俺はあんなのに負けている選手なのかとも。いやあ、あれはもうかなりのとばっちりだったですね。

それと、もう一人のとばっちりがルイスの前の年（96年）に来たジェフ・マント。マントもヒット2、3本でしょう。あの2人が来たおかげで2年は棒に振りましたね。

今度はセ・パのホームラン王が来た！

二宮　当時の渡邉オーナーが「クスリとマントは逆から読んじゃダメ」と語った、あのマントですよね。

元木　マントが96年で、ルイスが97年、そしてちょっと落ち着いたと思ったら、江藤（智）さんがやって来た。

二宮　江藤さんは2000年ですね。ということは、落ち着いていられたのは98年と99年だけ。

元木　そうですよ。江藤さんなんて、セ・リーグのホームラン王（93、95年）ですからね。今度は日本のマジな実力者が来ちゃったよと。

覚えているのは、長嶋さんが辞められて原監督が誕生した年（02年）の日本シリーズ。

その頃になると、江藤さんの守備がだんだん落ちてきていたんです。動きも肩も弱くなってきていた。
それで、日本シリーズの時に原さんに江藤さんと僕の二人が呼ばれたんです。「よーし、江藤さんを納得させて俺の出番か」と思うじゃないですか。そうしたら、「江藤、お前、しっかりやらんと、こいつがいるから抜かれるぞ。日本シリーズは江藤で行くから」と。
椅子に座っていたら転がり落ちるところです（笑）。「それならシーズン中と一緒じゃん。だったら呼ばないでよ」と思いましたね。

二宮　それじゃ刺身のつまですね（笑）。

元木　江藤さん、巨人に来て4年目の03年もあまり良くなくて、そろそろ俺の出番だと思ったら、今度は小久保（裕紀）が来た。

二宮　今度はパ・リーグのホームラン王。

元木　外国人が2人来て、セ・リーグのホームラン王、パ・リーグのホームラン王と来たら、出る幕ないなと思って。

「クセ者・元木」の誕生

二宮　ところで、元木さんと言えば「クセ者」という有名な現役時代の代名詞がありますね。長嶋さんが元木さんを「クセ者」と命名した。いわばブランディングしたと言ってもいいと思いますが、あれは何年目ぐらいからですか？

元木　たぶん入って3、4年目くらいですから、94年くらいからじゃないですかね。

僕にしてみれば、右打ちにしても特別なことをしている感覚ではなかったんですが、でも、それをやったことで長嶋監督にもイメージがついて、そう呼んでくれた。

そうなると、そこはさすがに長嶋さんの影響力はすごくて、相手も僕が出てくると何かやるんじゃないか、何をやるんだっていうふうに見てくれる。「ああ、元木か。イヤなヤツが出てきたな」と、そう思われたらプロの選手としては存在感が増していくわけですよ。

だから、そういう言葉をちらほら聞いたときには「ああ、やってて良かったな。あの時に4番を捨てて、相手が嫌がることは何かというのを自分の中でやってきて良かったな」と思いましたね。自分で言うんじゃなくて、相手が言ってくれるわけですから。

二宮 やっと認められたと。

元木 ああ、正解だったんだというのは、あのとき思いましたね。

二宮 そういうところをちゃんと見ていて、元木はクセ者だ、野球をよく知ってるという形でアピールした長嶋さんもすごい。もう、これだけで相手に対して威嚇効果がありますね。

長嶋監督の本当のすごさ

元木 長嶋さんは細かいところも本当によく見ているんですよ。選手とコミュニケーションもうまく取りますし、監督としてやっぱりいいな、すごいなと思うところはたくさんありました。

でも、ふっと気づくと、地球の裏側にいたりもするわけなんですよ。そういう時は

「ん？」となったりすることもありますが、でも、それがやっぱり長嶋さんなのかなと。

二宮 そもそも落合さんや清原さんみたいな大物がどんどん来て、松井さんのような生え抜きのスターもいてという状況だと、ふつうはまとまらないですよね。スーパースターの上に神様が君臨していたから、一つの方向に向くことができたのだとも言える。

元木 無理です。ふつうはまとまらないです。そこは長嶋さんだから、すんなりと。もちろん心の中では、「なんでだよ」と思う選手もいると思います。でも、そこも長嶋さんだから、はいって言うしかないと。そういうのもありますよね。

松井がヤンキースに行った時のジョー・トーリ監督がそうだったって言いますよね。あんなスーパースターでわがままな選手たちをまとめきるんだから、すごい監督だよって言ってましたから。

二宮 確かに。A・ロッドがいて、ジーター、ジアンビ、ポサダ、ソリアーノとスター野手が揃い、スターターにクレメンス、クローザーにリベラがいるというのがあの当時のヤンキースですよね。そこに入ってきた松井を含めてまとめ上げたジョー・トーリ監督。誰が見ても凄腕ですよね。

元木　だから実績ウンヌン、采配ウンヌンという以前に、監督という立場でチームをまとめ上げるのは、トータルな意味での体力が必要なんだろうなとは思うんですね。気遣いも大変だと思うし。

由伸がかわいそうだったのは、そのへんの経験を積まないまま、いきなり監督をやることになったことですよね。とにかく野球をやらなきゃいけない、勝たなきゃいけないということで目一杯になってしまったのかなと、外から見ていて感じましたから。

チームをまとめ上げてから選手を動かしていくというか、そうでないと選手は動かないんじゃないかなと思うんですよね。

二宮　長嶋さんも最初に監督になった時はいきなりでしたから、そういう面でうまくいかなかったところがあったのではないかと思います。

それがいったんユニフォームを脱いで現場を離れ、放送席に座ったり、野球を離れて他の世界にも触れてからまた現場に戻ってきた。キューバにも足を運ばれた。その間にいろいろ見えてきた部分もあったのかもしれない。

元木　やっぱりいきなり監督をやったら、とにかく勝たなきゃということしか出てこないと思うんです。一度距離を置いて現場を見ることができれば、何が良くて何がダメなのかということが見えてくる。そのへんの冷静な判断ができて、何をどうすればいいのかを頭の中で整理してからでないと、なかなか難しいんじゃないかと思いますね。

もちろん、僕はやったことがないから、プロ野球の監督がどれだけのプレッシャーを感じているのか分からない。そこは計り知れないわけですが、でも、プレーするのは選手で、自分が選手だった時の視点は持っている。そこから考えたら、勝つためにはまず選手がまとまらなくてはいけないのはよく分かります。

頭の切り替えができなければ生き残れない

二宮 たぶん、この本を読んでくださる方の中には、会社や組織に身を置いている方も多いと思います。日頃、自らの身にいろいろ理不尽なことが降りかかったりして、耐えている方も多いと思うんですよ。

プロ野球のチームもカラーは違いますし、時代とともに変化している部分もありますが、巨人というチームは良くも悪くもふつうではない。

全国のファンに支えられる人気チームで、12球団で最多のリーグ優勝、日本一を誇る球団ですから、常に勝たなくてはいけない。球界の盟主という言い方は今では古いかもしれませんが、そう言われた時代が確実に存在しました。

元木さんが活躍された時代の巨人は、間違いなくそうだったと思います。しかも、日本一の人気者である長嶋さんが監督をやっていたわけですから、なおさらです。

だからこそ、勝つために次から次へと選手を補強した。今でもその傾向はありますが、こういうチームは日本には珍しかった。V9時代の生え抜きが幹で移籍組が枝であるとの伝統的価値観が崩れてしまった。その意味で「自民党をぶっ潰す」と言って首相になった小泉純一郎と長嶋さんは一脈通じるところがある。巨人軍を「ぶっ潰し」てしまったわけですから。

それによってポジションを奪われる人、あるいは他球団へトレードされる人などさまざまな影響も出る。チーム内の人間関係はさぞかし……と、こちらは想像するしかないわけですが、あのカオスな環境に元木さんはよく耐えられた。いろんな人の話を聞いているとそう思うのですが。

たとえば先ほどの話で、元木さんもマントやルイスが入ってきてサードのポジションを奪われたと。一方、元木さんの同級生の吉岡さんに一度聞いたことがあるのですが、マントが来た96年ですか、マントが不振で開幕から10試合くらいで外されて、出番が回ってきたと思ったら、長嶋一茂さんが一軍に上がってきて、また出番がなくなった。ずっとベンチに座っていると腰が痛くなるんですよと。

吉岡さんはその後、近鉄にトレード（97年）されて活躍しましたから、結果的には良かったのかもしれませんが、会社で言えば、同期入社の人間がちょっと冷遇されて、「かわいそうだな。気持ちは分かるよ」みたいな感じになるんでしょうか。

元木 確かに大変ですよね。その中に僕もいたんですが、でも、僕の場合は、さっき言ったように、ここはそういう球団なんだと割り切っていましたから。

目の前で起こることに一つ一つ、「なんでだよ、どうなってるんだよ」と考えていたらキリがないですし、仮に僕がそう思って組織に楯突いたとしても勝てるわけもないですし。

それに僕の場合はやっぱり巨人が好きで、指名してくれたチームを蹴って1年浪人してまで入ったわけですから、他の選手とは違っていたかもしれません。

俺はここで一生懸命やるんだ、お前はもうこの球団ではいらない、トレードに出すと言われたら、「はい、分かりました」ではなくて、そこで野球を辞めようと初めから思っていました。

だから、入り方も入り方だったし、入ってすぐに「ああ、いろんな選手を呼んでくる球団なんだ」と、理解していたというのと両方ありましたね。

二宮　元木さんが、あの環境で15年間やってこられた重要なポイント、読者の皆さんがヒントにできそうな考え方はそこかもしれませんね。

考えようによっては理不尽なこと、頭にくるようなことが次々に起こっても、クサらずに割り切っていた。むしろ、何が起ころうと環境の変化に適応してしぶとく生き残っていく。それには自分にとってマイナスの状況を、「なんだよ」と感情的に受け取るのではなく、「よし、今度はどうしたら生き残れるか」と常にその先を見ている。その切り替え方が「クセ者」の所以だったのかもしれません。

元木　いや、僕も人間だから「なんだよ」とは思いますよ。でも、それは一瞬で長く引きずらないというか、切り替える。だって愚痴を言ったって状況は変わらないじゃないですか。だったら早く次を考えたほうがいい。

二宮　湧き上がる感情を抑えて、冷静になる。頭では分かっていても、それがなかなかできないのが人間ですけど、元木さんはそれができた。周囲の雑音は気になりませんでしたか？

強い者ではなく、適した者が生き残る

元木　あの頃、周りからいろいろ言われるわけですよ。ジャイアンツって何なんだよ、他の球団の主力ばかり獲りやがってみたいなことを。

そういう声に対し、一度だけちょっと言い返したことがありましたね。「ジャイアンツは（選手を）獲れる球団なんです。来てくれる球団なんです」と。相手だってイヤなら来ないし、お金払えなかったら獲れないわけですから。

僕は途中から切り替え、特異な球団でどうやって生き残っていこうかとしか考えなくなりました。

二宮　この球団はこうなんだから、考えてもしょうがない。なるようにしかならんと。

元木　そう考えるのが手っ取り早かったです、僕は。バリバリのレギュラーでもなかったし、なんとか生き残らなきゃっていう気持ちのほうが強かったんでしょうね。

二宮　イギリスの哲学者ハーバート・スペンサーの「社会進化論」じゃないけど、強い者が生き残る「強者生存」ではなくて「適者生存」だと。環境に適したものが生き残るんだと。

元木　そうですね。だからチームにとって必要な選手でいたかったし、そのためには何が必要なのかを常に考えていた。

もちろん、ホームラン20本、30本打たないと使えませんよと言われたら、これは出て行くしかなかったんですけど、大きいのを打たなくても生き残る道っていうのは、いっぱいあった。そこに活路を見出したんです。

大切なのは気づく能力

二宮　元木さんのその考え方を伝えたい選手はいますか？

元木　この前までタイガースのコーチをやっていた片岡篤史さんに、北條（史也）に言ってやってくれって言われたことがあります。

「お前も甲子園でホームランをいっぱい打ったけど、こいつもいっぱい打ったらしいんだよ。でも未だにホームランを狙って2、3本じゃ、終わっちゃうよって。だからお前みたいな選手になれって言ってやってくれよ」って言われた時は、すごくうれしかったですね。

二宮　北條も甲子園で三度準優勝（光星学院）して、ホームランも4本打っています。それが頭に残っているのか野球が大きいですね。金本前監督もそのことを言っていましたね。

元木　甲子園で打ったんだから、いつか打てるんだっていう気持ちが強いんじゃないですか。

でも、正直言うと、打てるんだったらもっと早く打っていると思うし、打てないんだったら、やっぱり変えていかないと。クビって言われてから考えたって遅いんですよ。今のうちに野球観を変え、目標を変えてやると、また違う輝きが出ると思うんですが。

若い頃は、やっぱり自分で厳しいと思った時に、すぐ切り替えるべきです。人から言われるより前に、まず自分で気づかなければならない。

二宮　元木さんの場合は、早い段階でそこに気づいたと。

元木　環境のおかげもありますけどね。周りを見れば、すごい選手ばかりだったので、こりゃ勝負にならんとすぐ切り替えられた。

でも、今のタイガースみたいに若い選手が入れ代わり立ち代わりという感じになっていると、なかなか気づかないのかなっていうのもあります。だったら、気づかせてあげることも必要だけど、人から言われてチェンジするというのはなかなか難しい。「じゃあ、なんであいつがホームランバッターでやってるんですか」と抵抗する可能性もありますから。

そこはコーチなり監督なりが本人を呼んでじっくり説明する。「お前、こういうプレーヤーになったほうが、俺は使いやすいよ。今、お前、ホームラン何本打ってんの。高校時代の気持ちでやってたら、俺はもう一軍にも残せない。二軍でホームラン30本打ったって金にならないよ」と。

そういうことを言って本人に納得させる。チェンジに成功したら使うけど、このままだったら使い道はなくなるよって言われるほうが方向転換しやすいと思いますね。

僕だって甲子園でホームラン6本打ったけど、プロでは2桁打ったことがありませんから。そういう意味で派手さはなかったけれど方向転換したことで「クセ者」とまで言っていただいた。おまけに、こうやって野球の本まで出させていただくなんて、大成功でしょう（笑）。

だから、北條に限らず、昔のイメージを引きずってくすぶっている選手には、そういう考え方の選手が出てきても悪くないですよって伝えたいですよね。

くすぶっているピッチャーに、「サイドスローでやってみたら」とか、あるじゃないですか。それと同じですから。プロに入ってくる人は何かしらいいものは持っている。

それに気づかないのはもったいない。過去を捨てる勇気も必要なんです。

二宮　なるほど。過去にこだわっていたのでは新しい自分に出会えない。野球に限らず、どうなったら自分は生き残れるか。その気づきはとても大事ですね。

元木　気づく能力、あるいは気づかされて納得する能力ですね。それにはやはり柔軟性が必要だと思うんですね。頑固だったらちょっと厳しいかもしれない。

二宮　元木さんは自分で方向転換した。監督やコーチから、こうしろと言われたわけではない。そこがすごい！

元木　すごいわけじゃなくて、だってもう、生きていけないと思いましたからね（笑）。

仁志も頭を切り替えて生き残った

二宮　仁志（敏久）さんが入ってきた時に、「野球が大きい」と言われました。でも、途中からアジャストしていきましたよね。たぶん当時の土井（正三）コーチが、「このままじゃ生きていけないぞ」みたいなことを言ったと思うんです。

それで、打つにしても守るにしても、元木・仁志というモデルチェンジしたコンビが見事に機能して、ゲームを作っているなという印象を受けた時期があります。

元木　仁志も高校・大学・社会人とクリーンアップを打っていたバッターでしょう。だから、体は小さくても大きいのを打てるぜっていうのを見せたい部分はあったと思うんですよ。実際ホームラン100本以上（154本）打っていますし。

でもホームラン狙いの大振りを捨てて、1番・セカンドとしてやっていくんだという気持ちになれたから、レギュラーでいけたと思うんです。自分がどうやって生きていくかと考えたときに、クリーンアップではなく1番だと。あの向かっていく性格も1番バッターにもってこいだったので成功したと思うんですよね。

二宮　元木さんとは二遊間を組んだりしていましたけど、当時の東京ドームの人工芝のカーペットはまだ薄っぺらい頃でしょう。

元木　そう。固いやつです。

二宮　長嶋さんがよく、「ここはちょっと野球が荒っぽくなる」と言っていましたけど、球足が速くてタタターンと抜けていったりするじゃないですか。それゆえ、二遊間の連携はとりわけ大事でした。

元木　まあ、そこは話し合って合わせていくというより、相手の動きを見ていて最初からある程度できないと二遊間は守れないです。

同じポジションでも人によって動きが違いますけど、ゲッツーを取りにいくときに、あの人はこんな感じで来るから、このタイミングで入ってというのは、お互いが瞬時に分かるものなんです。それができないヤツは、早く入りすぎてセカンドベースで待ったりとかなってしまいますから。

そのへん、相手が誰だろうと、ずっと同じチームでノックを受けているので、分かっていますから。仁志の場合は、けっこう足から切り返してゲッツーを取りにきますが、篠塚さんだと足を動かさずに上半身だけ切り返していく。そのタイミングをいつも見ていて分かっているので、僕はうまく合わせることができた。「こうだから、こうして」みたいな話し合いはしたことはないですね。

二宮　つまりはアイコンタクト。

元木　ゲッツーなんかは完全にアイコンタクトですね。「行くね」みたいなサインも一応あるんですけどまず使わない。4－6－3、6－4－3の動きは、あの人はこういう動きをしてくるからこのタイミングでと、自分のスピードと相手のスピードの兼ね合いも練習で体が覚えていますから、自然にできる。それができない人は二遊間は守れないということです。

勝利のキーパーソンはキャッチャー

二宮　キーストーンコンビと言いますけれど、仮に元木さんが監督になったら、まず二遊間を固めますか？

元木　いえ、キャッチャーでしょうね。キャッチャーはレギュラーが一人決まらないと、野球はうまくいかないと思いますね。

二宮　元木さんが入団当時の巨人のキャッチャーというと……。

元木　僕と入れ代わりで山倉さんが辞められて、村田（真一）さんと中尾（孝義　92年途中まで在籍）さん、そこへ吉原（孝介）さんが加わった。

二宮　ああ、そうか。中日から中尾さんがトレードで来て3年ちょっといて、大久保（博元）さんとトレードで西武に行きましたね。

元木　というのがあって、94年くらいから村田さんがレギュラーに定着した。それからチームが強くなったと思います。

二宮　なるほど。

元木　で、その先、ジャイアンツのレギュラー・キャッチャーは村田さんから（阿部）慎之助に移るわけですね。慎之助はまだ若かったけど、そこはレギュラーにベテランが多かったのでフォローして育てて、慎之助がレギュラーでキャッチャーやってる間は強かったでしょう。

二宮　やっぱりキャッチャーは大事だと。

元木　キャッチャーです。ここ最近を見ていても、上位にくるチームは、やはりキャッチャーがしっかりしています。

二宮　巨人は〝ポスト阿部〟が定まっていないと。

元木　自分のことで精一杯な選手ばかりで、どっしり感がないですよね。お前に任せたというキャッチャーが育ってくれるといいんですが。

タイガースも優勝した時は、ずっと矢野（燿大）さんが出ている時でしたよね。ヤクルトも強かった時は古田（敦也）さん、ドラゴンズも谷繁（元信）さんと、キャッチャーが安定しているチームは、やっぱり強いと思いますね。

古田も嫌がった元木のフェイク

二宮 その古田さんが一番イヤだったのが、元木さんだと言っていました。
元木 本当ですか？　全然相手にされてないと思っていました。
二宮 全く読んでいないフリをしながらじつは狙い球を絞って待っていて、ポンと右へ持っていかれる。「元木のフェイクにやられた」と。
元木 それはうれしいですね。そういうのが楽しかったんです。スコアラーと一緒に、キャンプ中もずっと配球の勉強をしていましたから。
二宮 どんなふうに配球を勉強するんですか？

元木　状況を想定してやるんですが、レギュラーではなく代打の感覚で、たとえば2アウト満塁のチャンスで自分に代打が回ってきたらどういう配球をしてくるかとか。相手球団によってだいたい投げてくるピッチャーも分かりますから、今日はヤクルト戦で高津さんだとか、広島戦で佐々岡さんだとか。

そうやって配球を勉強をして打席に入ると、実際その通りに来るんですよ。どこもレギュラーキャッチャーが固定されていましたから、たいがい、あのピッチャーだったら何を投げてくるかは、キャッチャーを勉強したらだいたい分かってくるわけです。それですごく楽になった。

二宮　古田さんなんかは、そうやって読んでくるバッターの裏をかく配球が巧みでした。元木さんは裏の裏まで読んでいたと。

元木　いや、たまたまでしょうけど、古田さんが元木をイヤだと思ってくれていたと今聞いて、びっくりしました。

古田さんの場合は野村さん仕込みのＩＤ野球と言われていましたけど、僕らにしたらＩＤの意味が分からず、何をミーティングしてるんだろうといぶかしがっていました。

二宮　状況や相手打者にもよりますが、元木さんが考える古田さんのリードの基本は？

元木　古田さんの場合は、初球は必ずストライクが欲しいキャッチャーなんだろうなと、僕は考えていました。

というのも、初球は全く予測していないボールが必ずといっていいほど来るわけです。たとえば高津さんだったら、ストレートかシンカーか、どちらかのイメージがありますよね。と思っていると初球、スライダーが来るわけですよ。

誰も待っていないボール、解説者もスタンドも誰も予想していない。だから見逃しますよね。とりあえず1ストライク取られるわけです。古田さんはそういう配球をしてくるんですね。

だから僕の中では、実際には初球ですからボールカウントは0－0なんですが、0－1。今はボールを先に言うので1－0ですか。そこから始まる感覚でバッターボックスに入っていました。つまりバッテリーは何としてもストライクが欲しい場面なんです。

つまり、1ボールから始まって、何が何でも次はストライクを取って1－1にしたいと。そういう配球に感じるわけです。でも、実際には初球ストライクの0－1になるわけですから、ピッチャー有利ですよね。

二宮　まず意外なボールを投げさせて、バッターにアッと思わせると。

元木　「えっ？　なんでスライダーなんだ？」と思いますから、ふつうに立っていたら、とにかく1ストライクを取られます。

それが分かってくると、またスライダーで入って来るんじゃないかなと読むわけです。来なかったらしょうがない、1球捨てようと思ってスライダーを待つ。すると案の定スライダーが来て、右中間へ運んだなんてことがありました。

二宮　それだ、古田さんが指摘していたのは。

元木　絶対振ってこないはずのスライダーを待ってましたとばかりに打たれるわけですから、バッテリーからしたら「クセでも分かってんの？」と疑心暗鬼になって、次の対戦でも悩んじゃうと思うんですよ。

古田さんの場合は、ランナーがいなかったら基本、外のまっすぐでストライクを取りにくるんですが、それもピッチャーによっては変えてくる。たとえば岡林（洋一）さんだったらスライダーのイメージがあるので、カーブで入ってきたりする。こっちは、そのカーブを読む。

そんなことをあれこれ考えながら、いろいろやるのが楽しかったですね。

持ち球に加えておきたい幻のボール

二宮　そういえば、ヤクルトの荒木大輔がある年、優勝争いをしていた終盤の試合で途中から登板した時、古田さんからいきなりフォークのサインが出たらしいですね。でも、荒木さんはフォークが投げられなかった（笑）。「初めて挟んで投げた」と言っていました。そうしたら相手がびっくりして、「えーっ、なんだこりゃ！」と。

元木　アハハハ。バッターからしたら、1球でも頭にないボールを投げられたらイヤなもんなんですよ。

（高橋）尚成がジャイアンツ時代に、何か球種を1つ増やしたいという話があって、スポーツ紙にそのことが出たんです。「ちょっと読んだけど、何だよ、そのボールは」と聞いたら、「いや、投げても全然変化しないんですよ」と（笑）。
それを聞いたので、「それだったら、ブルペンでずっとそれを言い続けて投げておけよ。オープン戦で1、2球投げたら、スコアラーが〝あのボール〟だってなる。バッターに報告がいく。バッターとしては3つしかなかった球種が4つになると、またややこしくなるから、公式戦で投げなくてもいいから、球種は増やしておいたらいいよ」と言ったことがありましたね。

二宮　相手を撹乱する情報戦、心理戦ですね。

元木　そんな時、落合さんだったら、「そんなボール捨てろよ」となるから効果がない。でも若い選手だったら、「えっ、何か増えたの？」と余計なことを考えさせるだけで、甘いボールがファウルになる。そういう面があるんです。

二宮　あの木訥なイメージの野茂（英雄）さんもよくやっていましたよ。
彼は基本的にまっすぐとフォークだけだったたじゃないですか。でも、キャンプの時に必ず、「今年はスライダーがいいんです。ストライクが取れるようになりました」とか言うんです。ところが本番ではほとんど投げない。

フォークボールも何種類もあるような幻想をバッターに抱かせていましたね。

元木 そうですか。それがバッターの頭の中にインプットされたら、たまたまフォークが抜けて甘めのコースにきて、あまり落ちなかったとしても、「あれっ、今のはカウントを取りにくるフォーク?」ってなっちゃうわけですよね。

そうしたら、「次投げてくるフォークはすげえ落ちてくるんじゃないか」と勝手に思ってくれる。で、また抜けてきたら「落ちねえじゃん」みたいになって頭が混乱するわけですよね。単に調子の良し悪しの問題だったりしても、バッターは勝手に混乱してくれるわけだから、言っておくだけでもいいんですよ。

二宮 実際に存在しなくても、言うだけでその幻を見てくれるようなものですね。ところで、よく、ちょっと曲がりや落ち方のいい変化球に「〇〇ボール」とかネーミングするピッチャーもいますね。

元木 あれはやめたほうがいいですね。完全になめられちゃうので。「〇〇ボールってどんな変化するのとか思ったけど、ただのスライダーじゃん」ってなりますから。

それだったら、実際にはスライダーがなくてもスライダーあるよ、って言っておくほうがいい。たまたま、まっすぐが引っかかって逃げていくボールになった時でも、「今のかな?」とバッターが勝手に考えてくれますから。

二宮　なるほどね。今はワンシームだ、ツーシームだって、ちょっと名前が多すぎませんか?

元木　選手同士はそれでもいいと思うんですけど、「解説者にボールの縫い目が見えているの?」って思うんですよ。縫い目が1本だったらワンシームで、2本だったらツーシーム。フォーシームは普通のストレートとなっていますけど、解説者席から縫い目なんか見えませんから。

　だったら縫い目が何本だろうと見た目でストレート、シュート、カットボールぐらいにしておいたほうがシンプルで、見てる人には伝わりやすいですよね。

右打ちの極意――インコースは意外に簡単

二宮　ところで、バッターのタイプ、あるいは相手ピッチャーによっても違うでしょうけど、「コースで待つ」とか「球種で待つ」とか言いますよね。あれはケースバイケースと考えていいのでしょうか？

元木 そうですね、コースで待つ時もあるし、球種で待つ時もあります。

基本、僕は球種で待っていましたね。ただピッチャーが外一辺倒で、外のまっすぐ、あるいはスライダーの確率が高いというような場合は、外に張ってどっちの球種でも飛びつこうというのはありました。

でもバッターが「コースで待つ」時の基本はそうではなくて、コースで待つけど、球種でも待つよ、ということだと思うんですよ。7割がコース、3割は球種を待っている感じ。同じ外でもまっすぐとスライダーでは違いますから、外なら何でも手を出すわけではないということです。

二宮 元木さんは、インコースのボールを反対側（右）に打つのがうまかったでしょう。あれは相当な技術ですよね。

元木 いえ、インサイドを反対方向に打つほうが楽なんです。ポンと当てたら、向こうに行きますから。

二宮　ほう、当てるだけで?

元木　はい。右バッターは、外のスライダーをライト、右中間へというほうが難しい。ちょっとでもヘッドが返るとセカンドゴロになりますし、右へ右へという気持ちになりすぎるとファウルになってしまいますから。

二宮　なるほど。ということは、よく右バッターに「外はコースに逆らわず右へ打て」と言いますが、事はそう単純ではないと。

元木　そうです。1、2塁間へ運ぶポイントはバットの角度ですね。簡単に言うと、バントと一緒なんです。ヘッドがどこへ向いてるかで、ボールの転がる方向が決まりますから。

インサイドのボールは、角度をつけてぶつけるだけで1、2塁間へ行ってくれます。ところが、外のスライダーやカーブをそこへ打とうと思うとファウルになりやすい。あるいは、右方向へ飛んだとしても、ちょっとでもタイミングがずれるとセカンドゴロになってしまう。

でも、たとえばノーアウト・ランナー2塁で右バッターが出てきた時、キャッチャーは引っかけさせて内野ゴロに仕留めようと、インサイドに投げさせることが多いんです。それが僕にとっては好都合でした。

二宮 復習すると、要するに反対方向に飛ばすにはヘッドの角度が重要だと。その角度はインコースのほうがつけやすいということですね。

元木 そうです。ずっと右打ちを練習していたら、だいたい1、2塁間に転がっていくようにはなります。で、そこへ転がりさえすれば、昔の東京ドームみたいに人工芝が薄くてボールの転がりがいい球場なら、だいたいヒットになる。ですから、あそこへ打つにはこの角度で当てるというのを覚えていけば、意外に簡単です。

二宮 右打ちをマスターするのにだいたい何年ぐらいかかりました?

元木 1年でマスターできましたね。僕、意外と器用で、器用貧乏みたいところもあるんですが、けっこう何でもできちゃうんです。

逆に言えば、もうちょっと不器用だったら、外野に行かなくて済んだかもしれません。でもそれだったら、試合に出られなかったとも思いますしね。

器用だったから、サードのポジションをつかみかけた時に外野の選手がケガして、

「じゃあお前ちょっと行ってこい」と。その間に代わりにサードに入った選手が活躍してということもありました。だから器用だから出るチャンスも多かったけど、逆にそのせいで手放すことも多かったですね。

二宮　打順も1番から8番、全部打ちましたか？

元木　4番だけ打ってない。

二宮　ポジションもバッテリー以外でやっていないのは……。

元木　内野は全部やりましたね。外野はセンターに松井、ライトに由伸がいたので、レフトだけですけど。

第3章

華やかさの裏で

——それぞれの苦悩

松井にもあった挫折のとき

二宮　元木さんの2年後に入団した松井秀喜さんについて伺います。「4番1000日構想」を披露するなど、長嶋さんは松井さんに英才教育を施しました。やはり彼だけは長嶋巨人で別格でしたか?

元木　別格でした。

二宮　まあ、50年に1人の逸材でしょうね。

元木　いやもう、彼は持っているものが別格でしたから。バットスイングは速いし、ボールも飛ぶし、すごいヤツが入ってきたなと。まあ、練習もよくするし、素直にすごい選手だなと思いましたね。

二宮　1年目の宮崎キャンプから、ライト場外までガンガン運んでいましたね。

元木　宮崎市営球場は狭いのは狭いんですが、高校を出たばかりの選手が場外まで運んでいくというのはありえない。プロのホームランバッターでもあまりないことなのに、松井はボンボン越えていった。

二宮　18歳であの体はありえない。身長もある（１８８㎝）けれど、体ががっちりしていて、もうプロで10年くらいメシを食っているような身体的風格がありました。

元木　とにかく最初からでかかったですね。ヤンキースに行ってもっとでかくなったけど、やっぱりモノが違いましたね。

二宮　本人によると、本当は高校時代にやっていたサードを守りたかったと。

元木　そうです、サードをやりたかったと思います。最初、ちょこっとサードをやったんですよ。でも、見ていて守備は勝てると思いましたね。

二宮　サードの守備はそれほどでもなかったと。

元木　勝てると思いました。捕るほうもスローイングもプロのレベルにはまだまだでしたから。ただ、あのバッティングには絶対に勝てっこないなと思っていたら、外野へ行ってくれて、ああ良かったと。

二宮　本人はサードがやりたくて長嶋さんにも言いに行ったらしいけど、無視されたと言っていましたね。

元木「いや、お前はサードは無理だ」と、ミスターからはっきり言われたらしいですよ。
二宮 でも結果的には、そのほうがよかったかもしれませんね。ただ、なぜ松井にダメ出しした長嶋さんがルイスを「うまい」と褒めたのか。これは今も謎です。

俺って、落合さんのマネージャー?

二宮 落合さんが巨人にやって来たのが94年。ロッテで三冠王を3回取り、中日でもホームラン王や打点王に輝いた。そしてFA制度ができた年に巨人に来た。迎える側からしたら、どんな気持ちだったんですか。
元木「えーっ、落合さん来るんだ」みたいな感じだったですね。中日に行った時のトレードも4対1で、すごい話題になったじゃないですか。その選手が来るんだっていう驚きだったですね。
もちろん同じセ・リーグですから中日時代も見ていたんですけど、確かに打つなと。でも、なんか不気味な人だなっていう(笑)。落合さん、しゃべるイメージがないじゃないですか。フラーッと出てきて、打席でカーンと打って、またフラーッとベンチに戻っていくイメージしかなかった（笑）。

その人が同じチームに来るとなった時は、どんな人なんだろうと。その時の僕はもう右打ちで生きようとしているときでしたから、バッティングのお手本のような人が来ることで少しは勉強にはなるかなっていう感じでしたね。

二宮　トレードやFAで来た人に対する歓迎会みたいなものはあるんですか。

元木　いや、ないです。

二宮　一切ないんですか。

元木　なかったですね。誰かしら歓迎してないですからね（笑）。

二宮　アハハハ。ピッチャーには投手会というものがあります。野手会は？

元木　野手会もありますけど、そういう会みたいなものはそんなに多くなくて、オフのゴルフぐらいですかね。ピッチャー陣の投手会はシーズン中にもやったりするんですけど、野手はけっこうバラバラでした。

二宮　投手会のほうが仲がいい？

元木　ピッチャーは一つのポジションで役割分担があって、一つ一つの試合をみんなで頑張っていこうという感じなので一体感がある。野手は取っかえ引っかえですから。

二宮　落合さんが入ったことによって割をくう選手も出てくる。そうした外様の大物との付き合い方は気になりませんか。周囲はどんな目で見るだろうとか……。

元木　僕は落合さんとは年齢が離れ過ぎていましたから、それはなかった。駒田さんとかちょっと年が下くらいの野手のほうが気を遣ったんじゃないですか。僕らはもう大先輩だから、ハイ、ハイって言う感じだけでした。

僕は落合さんのマネージャーみたいな存在だったので、周りの人たちはそれを見て「おい、ダイスケ、また呼んでるぞ。行ってこい、早く」とか、楽しんでいた感じです。

二宮　なぜか元木さんは落合さんに気に入られたんですよね。

元木　そういうことを言われたことはないですけど、いつも呼ばれるなみたいな。

試合前でも、グローブ、バット、ヘルメットとか全部出しておけと言われて、「俺、選手なんですけど」って、ずっと思っていました。ロッカーも一番離れたところに座っていましたけど、聞こえるんですよ、遠くから「ダイスケ！」って呼ぶ声が。

あれ呼んだなって思うと、「おい呼んでるぞ」って中継が来るわけですよ。そうなったら聞こえないフリもできないので、「はーい」って行くと、「荷物持っていけ」って。僕も選手なんですけど（笑）。

二宮　やはり気に入られたんだ（笑）。

元木　分かりませんけど、常に僕でしたね。どこの遠征に行くのにも隣の席でしたし。

ベンチの両隣に落合・松井

二宮　落合さんとはベンチの中でも隣に？

元木　そうでしたね。落合さん、監督の真ん前に座っていたんですよ。東京ドームでは一塁側のベンチですけど、一番ホームベース側の前の席なんですよね。本当はあそこには一番若い選手が座るものだとだいたい相場は決まっていたんですけど、なぜか落合さんがそこに座った。

二宮　94年当時、一番若い選手と言えば松井さんですか？

元木　僕の下に松井がいましたけど、落合さんの隣に僕、そして松井と。

二宮　元木さんを挟んで落合さんと松井さんが座っていた？

元木　そうなんですね。それで落合さんは、こういうピッチャーはこうだからと、僕にはけっこうアドバイスしてくれるんです。だからすごく勉強になりました。ただ、落合さんが松井と話していた記憶はあまりない。で、これは僕の勝手な憶測ですが、落合さん、松井の力を認めて意識しているのかなと思っていました。というのは、当時、テレビで落合さんと清原さんの対談番組があって、そこでバットの木目の話とか、バットのマークは何のためにある、とかいろんな話をしていたんです。で、番組の最後のほうで落合さんが、「今お前にいろんなことを言っているけど、なんでか分かるか」と。「まだ抜かれない自信があるから言えるんだ」というようなことを言っていた。それを覚えていたんです。

二宮　落合さんは西武時代の清原さんを「オレを抜けるのはお前くらいだ」と言って可愛がっていましたよね。

元木　はい。高卒1年目からあれだけの成績を出した清原さんだけど、落合さんは、まだお前には負けないというのがあるから、アドバイスできるって。

それを覚えていたので、松井と話をしないのは、さすがの落合さんも松井には抜かれるんじゃないかと思っているのかなと。当時、年齢的にもある程度きていましたし。

さすがのオレ流アドバイス

二宮　なるほど。先の落合さんからもらったアドバイスの話ですが、やはり名人の視点は違っていましたか？

元木　違っていましたね。

たとえばヤクルトの石井一久をあの当時のジャイアンツは打てなかった。で、落合さんが言ったのは、「石井はコントロールが悪いんだから、初球いいところへ来たって驚く必要ないよ。ツーナッシングになっても平気でど真ん中に投げてくる、絶対に甘いところへ投げてくる。甘いところへ来なかったらフォアボールだから」って。

「たまたま3球ともすごいところへ来たら、それはもうしょうがない。だからもっと気楽に行けよ。そういう考えで行ったら、打席内で楽になるから」というようなことを言われて、確かにそうだなと思いましたね。

あと、中日の今中（慎二）さんを打てないと、「なにお前、あのカーブばかり気にしてんの。基本ストレートなんだから、ストレート待っとけば来るじゃん。お前らカーブのこととか余計なことを考えているからまっすぐを打ち損じるんだろ。まっすぐ一本に絞っときゃいいじゃん」と。

二宮　3つのストライクのうち、1つか2つはまっすぐが来ると。

元木　考えてみれば当たり前のことなんですけど、やっぱり当時は僕らも若いし、結果が欲しいから、あのカーブが来たらどうしようとか余計なことを考えてストレートに若干差し込まれる。そういうのは確かにありましたね。

落合さんにそう言われてみると、「ああ、そうか。あのカーブも3球連続なんか来ねえもんな。どっちかというと、まっすぐ3球のほうが多いし」と、そこで素直に頭を切り替えられましたね。

二宮　あれもこれもと追っかけるなと。余計なことを考えるから失敗の確率が高くなる。

だったら邪魔になる思考を切り捨ててシンプルに考えろということですね。

元木　そうです。考える必要がないことを考えるなということですよね。そうすれば一つのことに100%集中できるだろう、と。

ボソボソッと言うだけなんですけど、そういうアドバイスは、確かにそうだな、さすが落合さんだなと感心することが多かったですね。

二宮　なるほど。確かに落合さんは、何を語るにもシンプルですね。難しいことを単純化して伝える能力がある。

元木　はい。あの当時の落合さん、30代後半ですよね。そのくらいのベテラン選手になると、とくに若い力のあるピッチャーは、言い方は悪いですが「ジジイに打たれてたまるか」と思ってムキになってくるから、どうしてもストレートが多くなるわけですよ。

ベテラン選手はまっすぐは遅れるけど変化球はうまく打たれるから、全部ストレートでいってやれという感じになりますから、いくら相手が落合さんでも。落合さん、そのへんもちゃんと読んでいてことごとくはじき返していたので、それもすごいなと思いました。

長嶋さんにしかできなかったこと

二宮　落合さんを巨人に迎えて、やはり長嶋さんは、落合さんを4番に使いましたよね。そこで、それまで長い間4番を任されていた原辰徳さんの心境やいかに、と多くの方は心配していたと思います。

中畑清さんや駒田さんが4番を打ったこともありましたが、基本的にONの後の4番は原さんが務めてきた。でも長嶋さんは落合さんを4番に入れて、原さんは5番、6番と打順が下がっていった。複雑な心境だったでしょうね。

元木　いや、あれだけ巨人の4番を張ってきた人ですから、もちろん悔しかったと思うんですよ。僕なんかぺーぺーだったから、正直、原さんの気持ちを思うと見ていられないところがありました。

長嶋監督が一茂さんをサード、スタメンで起用し、原さんがベンチにいることもあったわけですよ。もちろん一茂さんを使ってみようというのも分かります。でも、そうなると僕らはもう、原さんを横目で見るしかないですよね。話しかけたりできないですし。
　原さんは、なんで自分を使わないいんだみたいな態度を一切出さない人です。でも、原さんも人間ですから何かそういう雰囲気のようなものが……。

二宮　周りにも見えちゃう。

元木　そう、だから逆にそれを見るのが僕らも苦しかったですね。

二宮　むしろ、もっと態度に出してくれたほうが、見ているほうも楽だと。

元木　実力でサードのポジションを取られたのならともかく、そうではないと思いますから、やっぱり苦しかったと思います。

二宮　でしょうねえ。でもそれを見せないところが原さんのプライドだったんでしょうね。

元木　見せないですね。それで思い出したのが、慎之助が入ってきて１年目から使われたとき（01年）の村田さんです。村田さんも慎之助と勝負して負けたわけではなかった。それはもちろん慎之介の力を認めてのことだろうし、その後の彼の活躍を見ればその見立ては間違いだったとは言えません。

でも、村田さん、その前年に日本一になったキャッチャーじゃないですか。それでも大卒1年目の選手がいきなりレギュラーで使われた。そのときの村田さんも、僕は見ていられなかったです。

二宮　逆に言えば、そういう起用はミスターだからできる。

元木　そこが長嶋さんのすごいところで、長嶋さん以外の人だったら、ちょっとチームがまとまらないでしょうね。

二宮　原さんがレフトに行った時があったでしょう。あれもちょっと気の毒でしたね。ただ、長嶋さんはみんなに対してそうだから、ある意味平等なんですね。原さんのケースは違いますが、内野手が晩年外野にコンバートされるのは〝都落ち〟のようなイメージがあります。元木さんもレフトに行かされましたね。

元木　はい。でも、僕なんかはどこであろうと試合に出たかっただけなので、原さんのケースとは全然違いますから。

清原の苦悩――「俺、人殺したんかな？」

二宮　清原さんがＦＡで巨人に入ったのは97年ですよね。「ＫＫコンビ復活」とメディアも騒ぎましたけれど、元木さんは、落合さんに可愛がられたうえに、清原さんとも仲が良かった。

元木　僕が巨人からドラフト指名を受けてハワイから日本に帰ってきた時、知人の家に食事に誘われたんです。行ったら「和博が来るから」と。

「マジで？」と思いましたよ。だって、ＰＬ学園の時代から見ている憧れの選手ですから、もう緊張しちゃって。当時、まだ19歳だから本当は飲んじゃいけないんだけれども、金粉入りの日本酒を少しだけ飲んだんですね。でも緊張のせいで「おめでとう」と言われても、全然酔わなかった。

そうしたことがあったので、西武時代にもオープン戦の時はあいさつに行って、「がんばれよ」みたいな声はかけてもらっていたんです。で、ジャイアンツに来られてあいさつに行った時に、「頼むな。俺、右も左も分からんから」と言われて。それからですよね。

キャンプも一緒の部屋で「お前、キャッチボール、誰とやってんの？」「いや、決まってません」「じゃあ俺とずっとやろう。頼むわ」と。ジャイアンツのことを知らなかったので、そうやって僕を頼りにしてくれたというのがあったんです。

二宮 彼はそれまで西武で6度も日本一になっていた。とはいえ、高校の時から巨人に行きたいという思いがずっとあった。長嶋さんから「僕の胸に飛び込んでこい」と言われ、巨人に移籍しました。ただ、巨人の4番を期待されての入団は、これまでとは全く違うプレッシャーがあったんでしょうね。最初のキャンプの時、表情が引きつっていました。

元木 シーズンに入って打てなかった時の書かれようが、あまりにもひどくて。

他球団の4番だって打てない時があるでしょうと思うんですが、スポーツ紙から週刊誌から何を読んでも、どこへ行ってもダメだ、ダメだっていう言葉ばかり、これでもかというくらい浴びせられて、かわいそうでしたね。

ある時の遠征で新幹線に乗った時、清原さんの親指の爪が縦に真っ二つに割れているのを見たんでですよ。割れて黒くなっていた。
「キヨさん、どうしたんですか」って聞いたら、「ストレスや」って。ストレスで爪が割れるなんてことが実際あるんですね。続けて、ボソッと口にした言葉が忘れられないですね。「ダイスケ、俺、人殺したんかな」って。

二宮　あっ、その言葉、私も聞いた。打てないだけで人殺ししたみたいな扱いをされているって言っていました。

元木　「俺、人殺しみたいに書かれてないか。ジャイアンツってそんなすごいんか。長嶋さんはずっと打ってたんか」という言葉を聞いた時には、精神的にかなり追い込まれているなって思いましたね。

二宮　もう一つ私が聞いたのは、「幅きかせられんようになった」という言葉。
要するに若いピッチャーが自分のことをあまり知らないから、バッターボックスに立っても遠慮しないと。どんどんインコースを攻めてきて、ぶつけても頭も下げないと。そこで「幅きかせられんようになった」という言葉がポロッと出た。

元木　そうですか。確かに昔だったら、若いピッチャーは怖くてインサイドにあまり投げられなかった。そういう時代もあったと思います。でもプロのピッチャーとしてはインサイドに投げなきゃいけないし、それで当てちゃうのは技術がないからでしょう。一流のピッチャーは内と外をきっちりぶつけずに投げ分けますから。

二宮　あれはちょっと清原さんがかわいそうでしたね。意識的にぶつけるんじゃなくて、ただ抜けて危険なところへ行ってしまうピッチャーもいるじゃないですか。でも、プロの、しかも一軍のピッチャーが「抜けるんだからしょうがない」はないでしょう。ケガをしたら選手生命に影響してくるわけですから。

元木　確かに「抜ける」のはプロじゃないですよ。150キロがまともに頭に当たったら野球できなくなりますから、そういうピッチャーに投げさせちゃダメだろって思うんですけどね。

二宮　まあ、それにしても清原さんはよくぶつけられましたね。それで威嚇の意味もあって筋肉のヨロイで身を守ろうとし、逆効果になったとも言われていますね。

元木　あれはバリー・ボンズの影響だと思うんですけど。シアトルまで行って肉体改造して、ちょっとでかくなりすぎたかなっていうのはありましたね。

清原を救った元木の言葉

二宮　清原さんが元木さんにそういう話をするのは、元木さんが野球をよく知っているからでしょう。「元木なら俺のことを分かってくれる」と。

元木　いやいや、僕がずっとベンチにいて清原さんのプレーをいつも見ていたからだと思います。いい時の打ち方、ダメな時の打ち方をずっと見ているわけですから。

清原さんが不調で「どないなっとんの、打たれへんわ」と言った時、「始動が遅いですよ」って言ったことがあります。「スイング自体は一緒だけど、始動が遅いので慌てて振っているような感じがします」と。

そうしたら清原さん、バットを持ってベンチの裏へ行って、次の打席は打った。それで「ありがとう」って言ってくれて。５００号を打った時も、「５００本中、何本かはこいつが打たせてくれた」と感謝してくれた。それはすごくうれしかった。

二宮　それを聞いて、元木さんがコーチになったらチームが強くなりますね。人が見えないところまでちゃんと見えている。それはベンチの中からしっかり野球を見ていた。

元木　いや、ベンチだからこそ見えるものがあったということでしょうね。

二宮　確かにそこは大事だと思いますね。

元木　以前、梨田（昌孝）さんが、「ベンチで見ていて配球を覚えた」と言っていました。近鉄は梨田さんと有田（修三）さんとレギュラークラスのキャッチャーが2人いたので、ベンチを温めることも多かった。出られない時も腐らずにゲームを見ることで得るものがあったと梨田さんは話していました。

代打の極意——「ファンが納得する打球を打つ」

元木　代打もそうですよ。相手ピッチャーがどういう入り球、決め球でくるか。ランナーがいる時はどうくるかというのは、キャンプの時にスコアラーと2人で勉強していた。その予習を頭に置きながらベンチで見ていると分かってくるんですね。

　ベンチでなくても裏のサロンに行ったらテレビを見られます。そこで「ああ、やっぱり入り球は変化球が多いな」とか「外はストレート、ランナーがいる時はインサイドばかりだな」とかいうのが分かれば、代打で行った時に狙い球をグッと絞り込める。そうなれば勝負できるなというのがありました。

二宮　代打はたった１打席。でも、その１打席のためにずっと観察していて、打つための根拠を絞っていかなければいけない。

元木　それをやらないとダメです。だから、やっぱり準備ですよね。打席に入ってからタイミングを取ってるようじゃ、勝負は終わっていきます。気がついたら追い込まれていますから。

二宮　それを考えたら、代打で結果を出すのは並大抵のことじゃない。

元木　代打の神様みたいに言われた阪神の八木（裕）さんとか桧山（進次郎）さん、やっぱりすごいと思います。代打って、当たり前の話ですが打つ専門なので、出てきたら絶対ヒットを打ってくれるイメージでみんな見ている。そのなかで結果を出し続けた。

　八木さんに僕、聞いたんですよね。「どんなことを思いながら代打に出ていくんですか」と。

そうしたら、「いや、お前も代打、難しいやろ」と。「難しいです」と言ったら、八木さん、「ファンが納得する打球を打ちゃあいいんだよ」と言っていましたね。

二宮　奥深い言葉ですね。

元木　空振りの三振はダメ。ましてや見逃しの三振なんて絶対に許してくれない。ファンが「おおっ！」っとなる打球を、どこでもいいからとにかく飛ばせと。

「う〜ん、それが難しいんですよ」と思いながらも、実際「ああ、そうか」と思いましたね。ヒットを打とうとしたって打てるわけじゃない。そうじゃなくて、ファンが納得する打球を飛ばせばいいんだと。それでちょっと楽になりましたね。

もちろんいい当たりを飛ばすのも難しいけれど、それが代打の仕事だと。確かにそうだと思いましたね。ただ、そのためには事前準備が必要だし、僕にとってはそれが配球の勉強だったわけです。

二宮　昔、阪急の黄金期に高井保弘さんという「代打のホームラン世界記録」を作った人がいました。その人に「代打とは何ですか？」と聞いたことがあります。「3つのストライクのうちの1つで、嫁と子どもを食わせることや」と言っていましたね。
元木　それはすごいなぁ。
二宮　あの人は、ピッチャーのクセを全部ノートにつけていましたね。グローブの開きがどうの、手首の筋がどうのとか。当時、助っ人としてメジャーリーグから革新的な野球を持ち込んだダリル・スペンサーがそれを教えたらしいんです。
　高井さんには伝説があって、あの人、一度だけ出場したオールスターゲームで1球しかバットを振ってないんです。その1球が代打サヨナラホームラン。相手はヤクルトのエース松岡弘さんで、オープン戦の時にクセを全部見抜いていた。
元木　それはすごい。そのノート、当時は見せられなかったでしょうけど、すごい価値のあるものですね。
二宮　あの江夏豊さんが「もし監督をすることになったら、バッティングコーチは誰ですか？」と聞いたら、「そりゃ高井のブーちゃんや。（クセが）全部分かっとるもん」と。
元木　今の選手はクセを見ないですもんね。
　僕や村田真一さんは、ずっとピッチャーのクセばかり見ていて、「次のボール、何か分かるか？」といつもやっていた。その正解率が5割くらいだと怖いから思い切れない。変化球だと思ってそのタイミングでいった時、もしまっすぐが抜けて体のほうにきたら避けられませんから。

でも、正解率が7割以上あったら、追い込まれるまでは命張っていくよなって。そういうことをやっていたおかげで、観察力はずいぶん磨かれましたね。

二宮 そうやって分かったクセはノートに付けていたんですか。

元木 取らなかったですね、僕は。

二宮 全部頭の中に？

元木 もうほとんど相手ピッチャーのメンツが決まってたので、僕の頭でも十分覚えられましたね。今はそうでもないですけど、ジャイアンツ戦の先発ピッチャーはだいたい一緒でしたから。

二宮 だいたい表の3枚でくるわけですね。

元木 抑えもほとんど一緒じゃないですか。だからメモる必要もなかった。中日だったら今中、山本昌、野口（茂樹）。阪神なら猪俣（隆）、湯舟（敏郎）、仲田（幸司）。横浜が野村（弘樹）、田辺（学）。広島は川口（和久）、大野（豊）とか、もう左ピッチャーばかりだったので。

二宮　ヤクルトは石井一久、山部太とか。

元木　そうです。そういう人たちでずっと回っていましたから、20人くらいの配球を勉強しておけばいいわけです。

ベンチから消えた長嶋監督

二宮　中には、配球を読んでも打てないピッチャーもいました。たとえば〝ハマの大魔神〟佐々木主浩。長嶋さんが「横浜とやる時は8回までしかチャンスがない」と言ったのは有名な話です。佐々木さんは、基本的にはストレートとフォークしかなかった。それでも打てないものですか。

元木　打てないです。フォークも150キロ近いストレートに見えるんですよ、本当に。

二宮　見ていて「なんであんなワンバウンドの球を振るんだよ」と思ったものですが、

あんなクソボール球でもまっすぐに見えるんでしょうね。

元木　そう、見えるんですよ。落ち方がフーッっていうフォークじゃないんです。ストンって感じで、落ち始めてから落ち切るまでがすごく早い。ストレートに振り遅れちゃいけないと思って打ちに行ったら「あれっ？　フォーク……」っていう感じなんです。ベースのところでストンと下に落ちてボールが消える野球盤、あれと同じですよ。

二宮　そうなると配球ウンヌンでもない。どうにもならんと？

元木　ならないですね。だって一時期「フォークが来たら見逃せ。見逃し三振でも許すから」と言われていたんですが、それでもフォークを振っちゃうんですよ。ストレートが速くて、フォークの腕の振りもまっすぐと一緒だから分からない。

二宮　振りにいったら、あれっという感じで視界から消える。まるでマンガのようにバットがくるくる回っていましたね。

元木　誰が一番すごかったかとよく聞かれるんですが、やっぱり大魔神です。だってもう打てる気が全くしない。

「ストレート来たーっ！」と思って振ったら「あれっ、フォークかよ」。で、次、絶対またフォークが来るから見逃そうと思っていると、まっすぐがドン。そういう時は打ちに行ってないから冷静で、よくボールが見えるんですよ。

二宮　98年、横浜が38年ぶりの優勝を果たした時の佐々木さんは全く打たれる気がしなかった。１３５ゲーム中51試合に登板し、１勝１敗45セーブ。79勝のうち46勝に貢献しました。勝利貢献率でも設ければ、実に５割８分２厘です。

元木　「ベイは８回までに勝負しなきゃ」って言っていた長嶋さん、２アウトで７番、８番が僕と村田さんというとき、本当にベンチにいないことがありましたから（笑）。

二宮　アハハハ。もう勝負あった、終わりだと。

元木　横浜スタジアムのベンチ裏に行っちゃっていました。で、そのときたまたま村田さんがホームランを打って、長嶋さんが後から、「あれっ？　誰かホームラン打ったのか」、「見ていてくださいよ、監督」って村田さんが言ったという笑えないエピソードもあります。

ベンチ裏のサロンにいた江藤と元木

二宮　広島から江藤さんが移籍した時の話です。長嶋さんが二度目の監督の就任してから付けていた背番号33を彼に与え、永久欠番の3を披露する時の〝じらし〟の話は元木さんからも先に出ました。

自分の背番号を与えるということは、サードはお前に任せたという意味合いもあり、江藤さんはうれしいでしょうけど、元木さんからしたら……。

元木　いやもう、ＦＡで獲った時点でサードは江藤さんで決まりですよね。ファーストには清原さんがいるし。

じゃあ生き残るためには、今度は何をしようかなと。その時、外野をやれと言われたので、外野の練習もしましたね。バッティング練習の時に外野を守ることがあって、外野はキツイなというのは正直あったんですが、でもやっぱり試合に出たいという思いのほうが強かった。

当時、レフトで出ていたのは清水（隆行）だったんですが、清水が左ピッチャーに弱いイメージが長嶋監督の中にすごくインプットされていたんでしょうね。で、各球団とも松井や由伸対策でけっこう左が来るんですよ。それで左の時は僕がレフトで出るチャンスが多かった。「ごめんな、俺がレフトだから、レフトには打たせないようにしてくれよ」なんてピッチャーには言ってました。

二宮　次から次へとポジションを確約されたような人たちがやって来る。元木さんからすれば、一難去ってまた一難ですよね。

元木　でも、先にも述べたように、割合早くから、巨人はそういうチームだっていうことは分かっていたので、ああ、またですかと、意外と冷静に受け止めてきたような気がします。入った時の4番とかホームランとかを捨てる決断もそうでしたけど、次はどうやって生き残ろうかと頭を切り替えるのが、僕は早かったと思います。

二宮　逆に言えば、ポジションを確約されてFAでやって来た選手は、賞味期限が切れると居場所はなくなってしまう。野球はチームスポーツであると同時に個人の結果も問われます。

元木　小久保を取った時点で、江藤さんももうレギュラーはないと感じたんじゃないかと思います。

いつも僕と江藤さん、二人で試合が始まる頃はまだまだ出番は後だと、サロンでコーヒーを飲んでいましたから。5回ぐらいから江藤さんと試合の様子を見ながらそろそろストレッチして7回、8回ぐらいに備えようかという感じでしたね。

第４章

長嶋巨人・ベンチの中の地図

長嶋巨人のベンチの中はこうなっていた！

二宮 ベンチの中の座席表と言いますか、誰がどこに座るというのはだいたい決まっているものなんでしょうか？　先ほど、落合さんが長嶋監督の前に座って、その横に元木さん、そして松井という並びだったという話を聞きました。

元木 先にも言いましたが、監督の前には一軍で一番の若手が座るのがふつうです。だから、ふつうなら長嶋監督が復帰した年に入った松井が座るはずの席が監督のすぐ前なんですね。

あそこにレギュラーの選手はふつう座らないし、ましてや落合さんのようなレギュラーもレギュラー、一番実績のあるベテラン選手が座るのはかなり異例なことです。

二宮 スタメンに名を連ねる他のレギュラー野手陣は、どのへんに？

元木 長嶋監督やコーチ陣の席は、東京ドーム1塁側ベンチの2列目、向かって右側でした。そこから比較的遠いほう、つまり前列の向かって左側ですね。スタメン組はだいたいそのあたりに並んで座り、ベテランでベンチにいる控え選手はその後ろの2列目に座ることが多かった。

面白いのは、監督・コーチ席の前の一角、前から見ると真ん中やや右寄り、グラウンドへの出口に近い席になるんですが、そこはいつも川相さんでした。今は（坂本）勇人なんですよ。

二宮　ほう、それには何か理由が？

元木　それが分からないんですよ。最初は、たまたま川相さんが座ってるんだろうなと思っていたんですけど、川相さんの次にショートをやった二岡（智宏）もそこだったんです。それで勇人が今、そこにいる。

二宮　つまりはショート席。

元木　流れから見たら完全にショート席ですよね。なぜかは分からないんですが。

二宮　ピッチャー陣は？

元木　ピッチャーは、必ず後列の向かって左寄りなんですよ。後列の一番左の端っこにジュースが入っている冷蔵庫があって。その横が投手陣ですね。そして、真ん中へんに控えのベテラン野手の人たちがいました。守っている時は前列のレギュラー野手陣がいなくなりますから、控えの人たちがそこに移動するんです。

変化していったベンチのポジション

二宮　元木さんはずっと監督の前のあたりが指定席？

元木　長嶋監督の時代はそうだったんですが、最後のほうは前列の向かって左側です。端っこの通路のところに段差があって、そこに座っていました。というのは、あまり試合に使われなくなったので、ヒマワリの種ばっかり食っていたんです（笑）。結局引退することになったのは、それが反感を買ったんですかね。

二宮　不貞腐れているように思われた？

元木　メジャーリーグのベンチを見ていても、控えはけっこうそういうところに座っているんですよ。野球するのはグラウンドだし、その準備もやっていましたから、ベンチの座る位置はどこでもいいと思ったんですが……でも、そういうふうに見えたのかも。

二宮　そうすると、元木さんのベンチの中のポジションは、時代とともに変わっていったわけですね。

元木　そうです。一番最初の若手の時は、前列の真ん中へんで声を出す役割ですよね。それからさっき言ったように、落合さんが来て監督の前に座って、僕がその横に来たわけです。

二宮　元木さんから見て左に落合さん、右に松井さん、後ろに長嶋さんという〝座席表〟ですね。

元木　そうです。それからだんだん試合に出るようになって落合さんもいなくなって、今度は監督から遠いほうの前列向かって左側に移ったんです。

一番端っこが清原さん、その横が僕で、江藤さんの順で。仁志は前列左側の一番右くらいかな。そんなふうに決まっていたんですよ。

二宮　その時代は、松井さんが監督の前？

元木　落合さんがいなくなって僕がこっちに来た時、松井が落合さんがいた席に座っていたのかな。たぶんそのあたりじゃないかと思います。人が入ってきたり、いなくなったりしても、そうやって自然に席が決まっていくみたいな感じでしたね。

二宮 それは面白いですね。

バスの中も苦労は絶えない

元木 バスの席でもそうなんですよ。

二宮 一番後ろの端っこは偉い人が座るとか、よく聞きますね。

元木 ジャイアンツは若手になるほど一番後ろなんです。

二宮 ベテランが前に座る？

元木 一番前に監督やコーチ、その後ろにベテランが座る。それでだんだん若いヤツになって、一番後ろに一番若いヤツが座るのがジャイアンツでした。でも、ヤクルトは後ろが主力だったらしいです。そのへんはチームによって違うんじゃないですかね。

バスの座席で思い出すのは1年目のグアムキャンプですね。ミーティングをやってからバスに乗ってグラウンドに行くんですけど、1年目の新人だから早く行かなきゃいけないと思ってバスに乗ったら、まだ誰もいなかったんです。それでどこに座っていいのか分からなくて……。

前に座って調子に乗るなって思われるのもイヤだしって思って、一番後ろに座ったんですよ。そうしたら、吉原さんが入ってきて、「若いの、一番前だ」って言われて。「はい」って言って一番前に座ったんですが、次にまたミーティングがあって、またバスに乗るじゃないですか。また早く行くわけですよ。でも一番前はマズイよなって思って2列目か3列目に座ったんですよ。そうしたら吉原さんが乗って来て、今度は「ぺーぺーは一番後ろだ」って。

二宮　今度は後ろ。

元木　バスはよく分からなくて。でも巨人の場合、基本、若手は後ろです。

二宮　サッカーの日本代表は、選手のボス席があって、それが一番後ろの席なんですよ。だからカズ（三浦知良）さんが一番後ろに座っていた時代があって、カズさんがいなくなってからは中田英寿さんが座ったという話を聞きました。

元木　へぇ。やっぱりそういうのが決まってるんですね。

二宮　不思議なものですね。でも、ベンチの中もそうですが、座る位置というのは暗黙の了解というか、自然に決まるものなんですね。

元木　決まりますね。あと、ベテランだと当然一人なんですよね、席が。

二宮　あっ、ゆったり座れるから。

元木　面白いのは、中堅ぐらいになってそろそろ一人でいいんじゃねえのって思って、一人で座るじゃないですか。そうすると、座る席のない若手がいると、「おい、こっちへ来いよ」みたいになっちゃうんです。で、一度「来いよ」と言ったら、そいつがずっと隣に。

二宮「お前、どっか行け」とかは言えないですもんね。

元木　邪魔くさいんですが、それはなかなか言えない。

思い出すのは、1年目の地獄の札幌遠征ですね。一軍は喫煙、禁煙に分かれていてバスが2台あるので、ゆったりしているんですけど、二軍は1台なんですよ。それで北海道一周しますから、6時間とか平気で乗るんですよ。

その時にコーチが一人で座っていて、窓際に座ってくれればいいのに、通路側に座っていた。そうしたら僕らぺーぺーの席がないんですよ。補助席なんです。

二宮　倒して使う通路にある小さめの椅子ですね。

元木　そうです。それで、若いヤツがずっと補助席に座ることになるんですけど、コーチの横なんかだと、両サイドに肘を出してくるんですね。だから、なんで窓際に座ってくれないんだと。俺だって肘を置きたいよと思うんですけど、こっちはずっと脇をしめたまま6時間。それが毎日。試合が終わって移動、試合が終わって移動の連続なんです。

二宮　それはキツイですね。それが二軍の時代？

元木　そうなんです。二軍はバスが１台しかなくて、一番後ろのほうは荷物を積んだりしているし、二軍でもベテランの人は１人で座っている。

二宮　腰が痛くなりますね。

元木　だから、トイレ休憩のときに体操入れたりしていました。

新幹線の中でも落合さんの隣

二宮　新幹線なんかどうですか。やっぱり窓際がベテラン？

元木　ベテランです。若手が通路側というのが基本なんですが、僕は中堅になってもずっと通路側でした。

二宮　なぜですか。

元木　落合さんがいたからです。マネージャーがチケットをくれるんですが、誰と一緒なのかは座ってみないと分からないんですね。僕の場合は、チケットもらってその座席に乗ると必ず横は落合さんでした。

二宮　それはたぶん決めてるんですよね、球団が。

元木　球団というかマネージャーが決めるんですよ。

二宮　なるほど。他の人が座って落合さんが気分を悪くしちゃいけないからと。大変ですね、マネージャーも。

元木　落合さんの隣の席はけっこう大変でしたね。雑誌を読みたいから買って乗るじゃないですか。そうしたら、それ見せてって言うのでいつも貸していたんですよ。でも、急いでいて買わずに乗る日もあるじゃないですか。そうすると、「雑誌は？」って聞かれる。「いや、買ってないです」と言うと、「なんで買わないんだ」って。

買っていっても「これもう読んだよ」って言われたりして、落合さんが読んだかどうかなんて知らないですよ（笑）。買っていかないと怒られるんだけど、お金もらった記憶もないし（笑）。

一度それをテレビでしゃべったんですよ。そうしたら「いや、俺はそれ覚えてねえな」って。だって、その話を聞きつけたコーチ2人がそれに便乗して、「おい、シウマイ弁当は？」って言い出したくらいですから。

二宮　あの崎陽軒の？

元木　そうです。僕は新横浜から乗っていたので。「シウマイ弁当は？」と言われて「買ってないです」と言ったら、「お前、買っとけよ、俺らの」って。だから、必ずキヨスクで雑誌とシウマイ弁当を2つ買っていました。

崎陽軒の弁当を食べたいから、後で金払うから買っといてくれないかって言うんだったら分かりますよ、駅で売ってるんだから。でも1円もくれないのに、なんで弁当買わなきゃいけないの？って思いますよ。

二宮　昔の体育会系のノリで、元木さんをいじって楽しんでいる面もあったんじゃないんですか。

元木　そうなんでしょうけどね……。

ついに窓際には座れず

二宮　落合さんがいなくなった後は元木さんも窓際に？

元木　いやいや。落合さんがいなくなったら、僕より年下の選手が窓際に座ってるんですよ、清水とか。それで「いや、それ、おかしいだろう」と思っていたら、落合さんがいなくなったら今度は清原さんの横ですから。

二宮　またまた通路側（笑）。

元木　だから僕、通路側しか座ったことがないんですよ。清原さんが05年まで巨人にいて、僕はその年に引退したので、引退するまでずっと通路側だった。「他のヤツより、お前のほうがええわ」って言って。「いや、あんたはいいかもしれないけど、俺、キツいわ」とか思いながら座っていました（笑）。

二宮　アハハハ。それは面白い。

元木　清原さんって、けっこう他の選手たちには気を遣うんですよ。だったら、俺にも気を遣ってよ、みたいな感じでしたね（笑）。

二宮　通路側でいいのは、トイレに行く時ぐらいですね。

元木　そうですね、トイレ行く時に「すいません」って、寝ている人を起こさなくていいですからね。

桑田、槙原、斎藤――三本柱に掛ける声

二宮　巨人が強い時は、投手陣は桑田、槙原、斎藤の三本柱が中心でした。先発ピッチ

ャーは、いわば一国一城の主で、自我の強い人が多いと言われています。

それぞれに対応の仕方が違うと思うのですが、マウンドに行って声をかける時、桑田さんの時はこう言おう、斎藤さんにはこう言おうとか考えるんですか。

元木 そうですね。斎藤さんや桑田さんには冗談を言う必要はないなと。ただ熱くなっているときは分かるので、ちょっと間を入れに行くんです。「お前ごときが来やがって」と思われても別にかまわない。お前なんか来たってしょうがない、早く守れと思うときもあると思うんですよ。でも、僕が守らないと投げられないですよね。だからわざとゆっくり帰るんです（笑）。イライラすると思うんですけど、そうやっているうちに気持ちが別のほうに行きますから。

二宮 気を逸らさせて落ち着かせようと。

元木 そうですね。キャッチャーがマウンドに行くのは3回までと決まっていますから、なかなか来られないんですよ。だから僕が代わりに行く。そういう時は村田さんも分かっていますから、なかなか座らない。

二宮 見事な連携プレーですね。

落合流・間をとる技術

元木　そういうのは落合さんから学びました。落合さん、マウンドに行くときはファーストからいつもノソノソ歩いて行く。

最初は「走って行ってよ」とか思いながらベンチで見ていましたけど、考えたらそれが絶妙な〝間〟なんですよ。ヤバイなって思う時にスーッと歩いていって何かモソモソ言って、グラブでケツ叩いてフーッと戻って来るんです。

落合さんならではの技というか、あの人ぐらいじゃないですか、ゆっくり行っても「早くしなさい」とか審判に言われなかったのは。

二宮　その時、落合さん、何を言っていたんでしょうね。

元木　「何を言ったんですか」と聞いたことはないです。聞いたところで、落合さんのレベルで言うのと、僕が言うのは違うじゃないですか。それを学んで、僕が斎藤さんや桑田さんに同じことを言ったら、「お前、何言ってんだ」ってなりますからね。あえてそれは学びませんでした。

ただ、あの行くタイミング、間というのは、これだって思って勉強しました。あの絶妙の間を学ぼうと思って。落合さん、動かないイメージがあるかもしれませんが、けっこうマウンドに行くんですよね。

二宮 何を言うかじゃなくて、大事なのは〝間〟なんですね。ピッチャーがカッカしている時に落ち着かせるための。

元木 槙原さんがイライラしているときはすぐに分かります。天を仰いで、目が飛んじゃってるような感じになりますから。

するとぼくが行って、まあまあみたいな。槙原さんは「マキさん」と呼べる関係だったので、「大丈夫ですよ、マキさん。大丈夫ですから、ゆっくりやりましょうよ」とか言って、ゆっくり帰っていく。

斎藤さんや桑田さんがちょっと打たれてカッカきているときは、「いいボール行ってますよ。ツイてないですね。大丈夫です、大丈夫です」って言いながら帰ったり……。

二宮 そういう間を取ってあげるだけで、全然違ってくると。

元木　はい。「ちょっと落ち着いてください。後ろ向いて深呼吸してください」って本当は言いたいんですよ。まあ、そこまでは言えないから「大丈夫です」って。

二宮　打ったり守ったりだけではない、隠れたプロの技術ですね。

マウンドへ行くのもチーム愛

元木　だから、たとえ若い選手でも内野を守っているんだったら、先輩後輩関係なくマウンドに行けよと思うんですよ。解説でもよく言っていたんです。「こんなにピッチャーが苦しんでるのに、誰一人内野手が行かないですね」って。それはやっぱり違うと思っていました。

二宮　広島の菊池（涼介）選手なんか、うまいタイミングで行きますよね。

元木　行きますね。新井（貴浩）も行ってましたよね。

二宮　新井さんは笑いながらゆっくりマウンドまで行って、逆にピッチャーが「早く帰ってください」というくらい間をとっていた。あれはうまかった。

元木　完全に顔が笑ってますから、あれは落ち着きますよ。そうやってピッチャーを落ち着かせるのも内野手の大事な仕事だと思うんですが、今の選手は、打って走って数字を残せばいいって思っている人が多いように思えます。
　僕がサードを守っている時にけっこうマウンドに行ったのを1年目の慎之助が見ていて、何を言ってるんだろうなと思ったはずなんです。でもそのうち、彼が僕に指示するようになりましたから。「元木さん、行ってください」と。
　最初のときは、ピッチャーとの間がイヤだったのか、間を開けてくださいっていう様子で、そこはもう先輩後輩関係ないから、よし分かったって行って、ゆっくり戻ってきたら、あいつがペコッと頭を下げました。

二宮　なるほど、そこですよね。これもプロのチームプレー。

元木　たとえば小林誠司がキャッチャーだったら、彼が指示を出せばいい。「和真行け」「坂本さん行ってください」と言えばいいんです。

二宮　いわゆる〝目に見えないスキル〟が最近のジャイアンツには足りないと元木さんは考えていたわけでしょう。

元木　もちろんチーム愛はみんなあると思うんですが、ちょっと形に表す場面が少なかった。やるからには勝ちたい、優勝したいじゃないですか。それにはチームのため、勝利のためにみんなが動かないといけない。

二宮　亡くなった衣笠祥雄さんが、川口和久さんがフォアボールばかり出していたときに、マウンドに行って言ったそうです。「おい、10時から飲み屋の予約してるのに、どうするんだ、お前」って。そうしたら急にストライクが入り始めたって（笑）。

「あいつ、ああ言わないといけないんだよ」と笑いながら言っていましたけど、それも一つの技術ですよね。

元木　衣笠さんみたいな大先輩から言われたら、ヤベえ、ヤベえって、慌てて投げますよね。

二宮　今だったら、坂本さんはそういうことが言える立場ですよね。

元木　「お前、今日合コンなんだから、早く終わらせろよ。今日はモデルらしいぞ」とか言って（笑）。

二宮　「ほんとですか？　僕も参加していいですか？」って、それ一番効きますよ（笑）。

元木　「よし、抑えたらな」とかね（笑）。むしろ、それぐらい余裕のあるピッチャーならいいですけどね。

抑えは日本人がいい!?

二宮　でも、本当にそんなことが言い合えるくらいのチームが強いと思いますよ。その意味でいうと、抑えは基本、日本人がいいんじゃないかと思います。18年の巨人の後ろは外国人でしたね。ソフトバンクのサファテみたいなケースもありますから、別に外国人ピッチャーが悪いというわけではない。でも、基本的に日本人ピッチャーがゲームを締めたほうが、一体感が出てきませんか。もちろん選手にもよりますけど。

元木　ＤｅＮＡの山﨑（康晃）とか、出てきたら盛り上がりますからね。

二宮　横浜で抑えで成功した代表的な外国人と言えばクルーンですよね。それまでは大魔神ですから。いずれにしても〝ダブルストッパー〟という概念はありえない。クローザーはあくまでも一人、失敗したら、次を探すしかありませんね。

思い出すのは元木さんがまだ現役で、原さんが初めて監督に就任した時、河原純一をクローザーに転向させて成功しました。

元木　日本一（02年）になりましたからね。

二宮　なぜクローザーは日本人がいいと思うかと言えば、そのほうが負けを共有できる部分があるからです。

たとえば、今の広島の中﨑（翔太）投手。抑えに定着していますけど、けっこう不安定なんですよね。でも、中﨑投手で負けた時は、その負けを選手も観客もみんなで共有している感じがあるんです。他に抑えがいない中、よく頑張っているじゃないかと。不思議な同情が一体感を生んでいる。

元木　次、頑張ろうなって。

二宮　そう。負けを共有できるほうが、シーズンの中ではプラスになるのではないか……。

元木　人にもよると思いますが、外国人がしょっちゅう打たれると、「お前さぁ」ってなりがちですよね。

二宮　外国人のほうも「俺の責任じゃねぇよ」みたいになりがちですしね。

力量だけで言えば、ドミニカ出身のフランスアは中﨑投手よりもすごい球を投げますよ。イニングまたぎもできるというメリットもあって7回、8回を担当しています。リリーフの格としてはセットアッパーよりクローザーのほうが上です。メジャーリーグでも年俸はクローザーのほうが高い。

不思議なことに中﨑投手が打たれると、よく打ち返す。野手もピシャッと抑えてくれないことを想定している。不思議な共犯関係が成立しているんです。

元木　確かにそういう面はあるかもしれません。こいつ頑張ってるし、なんとか次、守ってやろうとか、打ってやろうとか、日本人のほうが感情移入しやすい。

二宮　またこれが不思議に、中﨑投手だとホームラン性の当たりがぎりぎりフェンスを越えなかったりとか、そういうことが起こるんですね。

そうなれば、「おおっ中﨑、ツイてるな」と盛り上がる。打たれても「中﨑だからしょうがねえな」とか、そういう一体感が生まれてくる。カープの躍進につながっている気がしています。

本来は最後に出てくるピッチャーは「あいつが打たれたらしょうがないよね」って、みんながならないといけない。かつての江夏さんや大魔神はその最たる例です。それに加えて負けを共有できる連帯感も必要だと思います。

元木　いいことを聞きました。僕は野手ばかり見ていて、一つになれよと思っていたけど、ピッチャーのことを思うと、確かにそうです。僕が現役のとき、マリオが抑えをやってた時（96年）があった。あのとき、クセはばれているし、クローザーの資質の持ち主でもないし、全員がベンチで「代えてよ」って言っていましたから。あれが日本人なら違う気持ちだったかもしれません。

二宮　サファテはもう日本で何年もやって、抜群の実績も残している。ああなれば別ですが、そういう外国人は少ない。

元木　今のジャイアンツならマシソンが何年もやっていますから、8回のセットアッパーで失敗しても、しょうがないなとみんな思う。なるほど、「クローザーは日本人ですよ」って言ってみようかな（笑）。

二宮　圧倒的な力を持つクローザーは別として、同じくらいの力量なら、最後の締めは日本人のほうがいいと思います。仮に打たれても「すみません」、「気にすんな。お前、よく頑張ってる。次あるぞ」という関係が持てますからね。後ろはやっぱり運命共同体。負けを背負えるかどうか。ここが問われますね。

元木 外国人投手はまず謝りに行かないですしね。

二宮 19年シーズン、巨人が勝つかどうかは、後ろにかかっていると思いますよ。接戦を落とすのと取るのとでは大きな違いがあります。

伝説の「10・8決戦」は一体感を超えていた！

二宮 長嶋巨人の伝説の試合と言えば、あの10・8決戦（94年10月8日）でしょうね。ナゴヤ球場の中日との最終戦で勝ったほうが優勝という。あの時は元木さん、スタメンでしたね。

元木 スタメンですよ。7番セカンドでした。

二宮 あの試合は〝平成の名勝負〟の一つです。あの試合こそ、ジャイアンツが一つになったゲームでした。

元木　あの時は一体感というのを超えていましたね。もう監督が何を言おうと、絶対勝たなきゃって、全員が思ってました。あそこで「どっちでもいいよ、負けてもいいんじゃないの」なんて思うヤツはクソですよ。あの時こそ、もう絶対に勝つ。放っといても勝たないかんというゲームでしたから。

でも正直に言うと、あのときは僕、スタメンだと言われて、ボール飛んで来るなよって思いましたもん。俺のエラーで負けたらどうしようと。あんなにプレッシャーがかかったのは野球やってて初めてでした。とにかく無難に終わりたいと。

でも、あの10・8は、もう放っといても選手もファンも一体感ＭＡＸですよ。あんな試合でよそ見をしているヤツがいたら、僕は許さないですね。

二宮　試合前から長嶋さんが「国民的行事」だと盛り上げていましたね。

元木　それを聞いた時にもう寝れないですよ。すげえ試合だなって分かっているし、球場に行けば異様な雰囲気だったし。だってナイターなのにお昼に開門ですよ。そうしないと、球場の周りで何が起こるか分からないという感じでした。

二宮　あの時はまだ昔のナゴヤ球場で、私も取材に行きました。11時ぐらいには記者席がいっぱいになってもう座るところがない。あんなのは初めての経験でしたね。

元木　もうファンが全員来ている感じでしたもんね。

二宮　文字通りの「国民的行事」でした。

元木　いい試合だったですよね。

二宮　三本柱がみんな出てきました。

元木　槙原、斎藤、桑田の順番で。槙原さんが2回途中で降板したんですよ。早かったんですよ。

で、斎藤さんが中1日かな。前の試合、神宮で完投してるんですよね。だから斎藤さんの登板はないと思っていましたから、びっくりですよ。名古屋球場はブルペンが内野の横にあって、山倉コーチが「斎藤！」っていう声が聞こえた。

さすがに斎藤さん、初めて聞こえないフリしたんですって。で、何回も「斎藤」って言われて振り向いたら「行くぞ」と言われて、「マキさん、勘弁してよ」と思ったと言っていました。

二宮　聞こえないフリをしたっていうのがおかしいですね。自分はないと思っていたんでしょうね。それが2回から。

元木　その斎藤さんが6回まで見事に抑えて。で、7回から桑田さんが抑えた。

二宮　あの立浪さんのヘッドスライディング（8回裏）なんかは、もう死闘ですもんね。

元木　ふつうはしないですもんね。それで肩脱臼だもの。

二宮　そうだった。落合さんもケガをした（3回裏）んですよね。

元木　肉離れです。立浪さんのファーストゴロでしたけど、いつも横でとってるのを正面に入って足を滑らした。

二宮　そうそう。あのケガが原因で落合さん、日本シリーズにも一度しか出られなかった。いやぁ、やっぱり死闘ですね。試合というよりマッチ。決闘ですね。プロ野球史の中で語り継がれる名場面です。

元木　たしか東海地区の視聴率が50何パーセント。半分以上の人が見ていたんですからね。

槙原の完全試合は門限破りのおかげ?

二宮 94年と言えば、もう一つ、槙原さんが完全試合を達成しましたね。5月18日の広島戦、福岡ドームでした。

元木 マキさんとはよく一緒に飲みにいきましたから、うれしかったですね。

二宮 槙原さんのほうがだいぶ年上ですよね

元木 8つ上です。でも、同じ用具メーカーを使っていた関係でよく顔を合わせるようになり、2人でよく飲むようになったんです。

二宮 どんな印象でした?

元木 それまでの印象はすごい人見知りで寡黙な人。今テレビに出ているマキさんは面白いと思っている方が多いと思うんですが、最初はとっつきにくい印象だったんです。でも、それが飲んだら「全然違うじゃん」と180度変わりましたね。

二宮 実は面白い人だったと。

元木　すごく面白くて、そこからずっと遠征ではマキさんと連れ立って飲んでいました。

二宮　その槙原さんが完全試合を達成した。あれ以来誰も完全試合をしていません。今でも「完全試合男」と呼ばれていますよね。

でも、聞けばあのときは、前々日の夜に門限破りをして、外出禁止と罰金を言い渡されていたそうですね。

元木　そうです。マネージャーから「罰金と外出禁止な」と言われたんですが、マキさんは「ちょっと待って。あさって先発するから、そこでいいピッチングをしたら処分を撤回してくれ」と言い返した。

二宮　それで完全試合。人生、何がどう転ぶか分からないですね。

元木　でも試合後のマキさん、「ダイスケ、やったぞ。罰金もなし、外出禁止もなしだ。もう何も言われないぞ」って。いやいや、それ、喜び方がおかしくないですかと（笑）。

二宮　喜ぶならパーフェクトゲームのほうでしょうと（笑）。ふだんの酒席は二人でどういう会話を？

元木　調子がいいときは二人で盛り上がるし、悪いときは「頑張ろうな」って慰め合う。

まあ、サラリーマンのみなさんと同じです。

二宮　そういえば槇原さん、新庄剛志さんに甲子園で敬遠のボールに飛びつかれて、サヨナラタイムリーを打たれたことがありましたね（99年6月12日）。

元木　あのときは試合後2人でカラオケに行って、元気の出る歌を歌って慰め合っていましたね。当時は僕も試合に出してもらえないことが多かったので、「ダイスケ、お前も頑張れよ」「はい、頑張りましょう」みたいな感じで（笑）。

二宮　目に浮かびますね。後輩でよく飲みに行った選手は？

元木　ヒサノリ（高橋尚成）ですね。

二宮　松井秀喜さんは？

元木　松井はほとんど個人行動でしたね。でも彼が偉いのは、新聞記者を食事に連れて行くんですよ。だから、誰も松井のことを悪く書かなかった（笑）。

ミスターの「お前ら、今日も飲んで来い！」

二宮　ところで、連敗してくると外出禁止令がよく出ました。あの効果は？

元木　あまり、ありませんね。そういうときはホテルの部屋で飲むんですけど、結局、野球の話になるから気分転換にならないんですよ。だから、僕は禁止令が出ていてもフラッと外出して、カラオケに行って気分転換したこともあります。

そのときは、後輩のピッチャーが2試合続けて打たれて負けた。だから「歌って酒飲んで、野球のことを一瞬でも忘れよう。それで明日、また球場に来いよ」って励ますためだったんです。そうしたら週刊誌の記者が張っていて、記事が出て怒られてしまいましたけどね（笑）。

二宮　今の巨人には元木さんみたいな先輩が必要なのでは？

元木　でも気分転換といえば、長嶋さん、最高でしたね。いつだったかは忘れましたが、札幌遠征で負けた帰りのバスの中です。長嶋さんが開口一番、「お前ら、今日もススキノに行って飲んで来い！」って。

二宮　それはすごい。

元木　そうしたら、みんな「よっしゃ‼」って、まるで勝ちゲームの後のような雰囲気になりましたね。試合に負けてただでさえ暗いのに、外出禁止では余計に暗くなりますよ。僕が監督だったら、長嶋さんと同じことをすると思います。部屋で飲むのはストレスが溜まると思うので、こちらから「気にしないで飲みに行ってこい」と声を掛けます。でも、きちんと枠を決めて、その範囲で気分転換をさせますね。

巨人はやっぱりすごい

二宮　飲み話のついでに聞きますが、昔、ある巨人のＯＢが言っていました。やっぱり巨人の選手が行くと、お店も喜ぶから「ツケといてよ」って言ったら、請求書が来なかったことがあると（笑）。これも巨人ブランドの証明ですね。請求書はタニマチのほうに行ったんでしょうね。

元木　僕はツケでは飲まなかったです。ツケにしていてそれを忘れてしまって、次行った時に「またツケで飲むんじゃねえの、こいつ」なんて思われるのもイヤだし。

だから、基本的にタニマチは付けなかった。帰りたい時に帰りたいし、気を遣って飲みたくなかったし。だから尚成なんかにも、「そうしたほうが自分が楽だよ、飲み代なんて知れてるから」と言いました。

僕が引退して尚成が若い連中を連れて行ったとき、「元木さん、先輩って金かかるんですね」って言うから、「分かったか」と。今まで連れて行ってもらってるから、払うことはないじゃないですか。自分がお金を払うようになったら「えっ?」ってなるんですよ。

二宮　なるほど。でも、巨人の選手ともなると、他球団よりもけっこう年俸が高いというイメージがあります。元木さんの時代、入団時の契約金はどれくらい?

元木　契約金は9000万円で、当時の高卒ではトップでしたね。

二宮　税金が半分ぐらいですか?

元木　はい。でも、契約金は全部親父に渡しましたね。好きに使ってくれって。

二宮　全部、お父さんに。

元木　はい。それでハワイ行くときにお金を貸してくれた親戚の人に全部返して、あとは当時、高校野球でお世話になった人にお礼したりとか。だからあとで親父に聞いたら、契約金はほとんど残らなかったたって言っていました。

二宮　偉いですね。契約金は全部親に渡して、あとは自分で稼ごうと。

元木　年俸は俺の小遣いだから、頑張れば上がるだけだからって言って。一応、最高で2億いきましたから。

僕の成績で2億出してくれたんだから、もうジャイアンツ様々ですよ。代打で〝神様〟とまで言われた阪神の桧山さんでもそんなにいっていない感じでしたから、申し訳ないと思いながら。

二宮　その点、巨人は恵まれていた。

元木　FA権を取った01年の時の契約が4年で9億いくらですから、正確に言うと2億2000万くらいですかね。新聞には1億2000万の推定年俸で出ましたけど。で、レギュラーでもないし、どうせ下がるもんだと思っていたので、下がり幅を決めてくださいって言いました。最初は出来高にしようと言われたんですけど、補欠ですから、数字をクリアできるわけがないよなって思って。だから、ふつうに成績が良ければ年俸上げてください、ダメなら下げてください。ただし、下げ幅だけは決めてくださいとお願いしました。

二宮　そうですよね。レギュラーで出ている人なら出来高もいいですが、控えは……。

元木　ずっと出ている人の契約なんで。出来高でこうなったら何千万、ここまでいけば何千万って、相当上まであるなって思いましたけど、考えたら出られる保障もないし。

二宮　試合に出してもらわなければしょうがないですからね。

元木　何かおかしい、おかしいと思いながら聞いていて、「いや、やらないです」って。

クリアできるとしてもたぶん試合数ぐらい。それも代打や守備固めでちょとずつ出ての話で、それさえなかったら大損になってしまいますから、だったら年俸自体を上げてくださいって。

二宮　契約交渉でも〝クセ者〟ぶりを発揮したわけですね。

元木　年俸交渉というのは、最初は最低限の金額を提示してくるんです。こっちが1億オファーしようかなと思う時、向こうは7500とか。

仮に「1億欲しい」と思っていたとしても、その金額を言うと間を取られて9000万ぐらいになってしまいます。だから僕の契約更改のやり方は、ずっと黙っているんです。

「いくら欲しいの？」と言われたら、「いくらくれるんですか？　いくら欲しいって聞かれたら、10億ぐらい言いますよ」って。「バカ言ってんじゃないよ」とか言われながら、「では、いくら出してくれるんですか？」と言って、金額を提示されてからは、納得のいく金額でない限りは無言で通します。

二宮　「納得いきませんよ」という無言の意思表示ですね。選手同士の情報交換はあるんですか？　「お前、いくらだった？」とか。

元木　投手陣はやってましたね。あの当時は投手王国だったので。

それがある時、全体的にシブイ交渉になりそうな気配だったので、みんなで保留しようということになったんですよ。そうすれば上がるからって。ところが一人だけポンと押した人がいました。誰とは言いませんが。

二宮　何となく顔が浮かびます（笑）。
元木　あの時はみんなすごい怒っちゃって。

うれしかった「オロナミンC」CM出演

二宮　年俸もそうでしょうが、他球団では味わえない巨人選手のメリットはあると思います。たとえば、CMはどうでしたか？
元木　やっぱりオロナミンC。あれに出られたのは幸せだったですね。
二宮　巨人の顔という意味で、あれはやっぱりステイタスでしょうね。元木さんは誰と一緒に？
元木　最初の頃は斎藤さん、村田さん、川相さん、緒方さん、石毛さん、と僕でしたね。
二宮　昔は、落っこちそうなメガネの大村崑さんが「オロナミンCは小さな巨人です」とPRする。私たちの世代で、このCMを知らない人はいません。
元木　はい。面白いのが、あれはギャラが年数で上がっていくんですよ。1年目のときのギャラが400万円だったんですが、もう出られただけでうれしかった。これで巨人の一員だと思って。メインの斎藤さんが一番高くて1000万。

で、それから僕、斎藤さんとかがいなくなっても長く出させていただいていて、とうとう一番上になったんですよ。そうしたら大塚製薬の方が来てくれて、「元木さん、ちょっとギャラなんですが」と。

「来た‼ とうとう一番上だ」と思うじゃないですか。下は二岡たちが加わってきて、「まあ、400万から頑張れよ」と思っていたら、「あのー、今年から皆さん統一で1000万で」と(笑)。でもまあ、下の連中より少なかったら文句言うけど、それだけもらえたらいいですよってことで。だから、僕の中ではあいつらは下積みを知らないって感じですね(笑)。

二宮　でも、そもそも他球団ならCMの仕事自体少ないわけですからね。それも特典ですよね。撮影はオフでしょう?

元木　はい、撮影は暖かいところでやってくれと。自主トレを兼ねて海外へ行きました。でも、ギャラよりあのCMに出られたことのほうがうれしくて。僕ら子どもの頃は河埜さんとか中畑さんとかが出ていて、まさに巨人の選手の証のようなCMでしたから。そういうのを見て育ったから、オロナミンCのCMって聞いた瞬間、やったーと思いましたね。

二宮　じつは私もCMに出たことがあるんですよ。

元木　何のですか？

二宮　昔、ビールのCMに出たことがあるんですよ。アサヒスーパードライ。若い人たちは知らないでしょうけど（笑）。

元木　スーパードライのCMに出るのって、すごいステイタスでしたもんね。野球界で初めて出たのは青島健太さんですよ。じゃあ二宮さん、ギャラは5億ぐらい？

二宮　そんなに出るわけないじゃないですか（笑）。アサヒビールはスーパードライが出るまでは〝夕日ビール〟と揶揄《やゆ》されていましたから。

元木　なるほど、そうだったんですね。

二宮　そういう状況下で住友銀行の副頭取だった樋口廣太郎さんが来て、87年にスーパードライが世に出る。そこからアサヒビールの快進撃が始まるわけです。

ある広告代理店から声が掛かったのはちょうどその頃、スーパードライが売れ出した頃ですが、「なぜ僕なんですか?」と聞いたんです。そうしたら「二宮さん、すいません。予算がないんです」と。それが今や福山雅治ですよ(笑)。オチがつきました、アハハハ。

第5章

やるからには勝つ！

——元木コーチの決意

川上+星野の「背番号77」を背負って

二宮　この対談の終盤で、元木さんが19年から巨人の一軍コーチに就任されるというニュースが飛び込んできました。まずはおめでとうございます。

元木　ありがとうございます。

二宮　元木さんは18年8月、12歳以下の日本代表監督として世界一（カル・リプケン12歳以下世界少年野球大会）になり、今度はいよいよジャイアンツの守備兼打撃コーチに就任です。この大会に日本が参加するようになった旗振り役がそもそも星野仙一さんです。その星野仙一さんからのオファーだったと伺いました。

元木　そうなんですね。17年に東北楽天の試合の解説をしたとき、星野さんに挨拶に行ったんですね。そうしたら「ちょっと茶でも飲もうや」と。そこで「お前、こういうのがあるんだけど、監督をやってみんか」と。その場で「ぜひ！」とお願いしたんですが、星野さんは18年の初めに亡くなられてしまった。

二宮　話は立ち消えになったかと。

元木　はい。そう思っていたら、ボーイズリーグの関係者の方から「元木さんにその監督を」と。「じつは星野さんからも以前に……」と言うと、「それでは、ぜひとも」という流れになりました。

二宮　星野さんの導きで元木ジャパンが誕生したわけですね。

星野さんは中日の監督時代、「元木ほどイヤな選手はおらん。あいつは何をしてくるか読めん」と元木さんをすごく評価していましたからね。

元木　野球選手として最高の褒め言葉ですよね。中日から巨人にトレードで来た前田幸長さんに聞いたんです。「星野さんはウチで誰を一番イヤがっていますか。やっぱりヨシノブ（高橋由伸）ですか？」と。そうしたら「お前だよ、お前」って。

いつだったか中日戦で2安打した後、次の打席に入ると、ベンチから「いったれー、いったれ！」と星野さんのヤジが飛んできた。「いったれって、どこに？」と、もう気になって気になって集中できなかったことがあります。

二宮　それだけマークされたわけですから、野球選手としては本望でしょう。

元木　はい。でも僕が引退した後は本当に優しくしてくれて、「外から野球を盛り上げような」って言ってくれたりしました。

二宮　それがU12の監督につながったわけですね。そして結果を出された。そのへんも原監督はちゃんと見ていて今度のオファーになったんでしょうね。ところで、元木コーチの背番号は？

元木　77番です。

二宮　それはすごい。川上さんと星野さんだ。

元木　U12でも星野さんの77を付けたんですよ。それでいい結果が出たから、原監督に、もし空いていれば77が欲しいですって。

二宮　そうか、私たちが子どもの頃は川上巨人全盛ですから、77番は現役時代の16番とともに永久欠番になっていてもおかしくない。

元木　吉村さんが前のコーチの時に77で、斎藤さんも77で二軍監督をやったんじゃないかな。それでもし空いてればって言ってみたら運よく空いていたんです。

二宮　でもそれはすごい。川上さんと星野さんを背負っているわけだから。

元木　星野さんは川上さんに憧れて……。

二宮　そうですよ。それで77を付けたんですから。

チームのためになるアウトが多いほうが勝つ

元木　ジャイアンツでは内野守備兼打撃コーチという肩書で、守備が終わると打撃のほうも……。

二宮　両方見ないといけない。

元木　そうなんです。それと監督からは、サードコーチャーの練習もしておいてくれということを言われたので、サインもいろいろ覚えないといけません。練習も最後の一人まで付き合うので。

二宮　最後までコーチは残らなければいけないという決まりがあるんですか？　もう帰りたいからやめようよとは言えない。

元木　言えないですね。僕が選手の時だったら、「もういいんじゃないですか、打ちましたよ」って言いますけど、今の子はけっこう練習します。

二宮　マジメですよね、最近の子はみんな。

元木　はい。だからそのマジメさと、僕なんかのいい加減さをミックスしたぐらいが一番いいんじゃないかと思っています。コーチから言われたことを100%聞く必要はない。いいものだけを選んでやったほうがいいですから。

二宮　それを最初に言ったわけですね。

元木　はい。合わなかったら、また違うことを考えようっていうことを。それと、とにかく声を出していこうと言いましたね。

二宮　それは、ちょっと若い選手たちが大人しい感じだったから？

元木　大人しすぎましたね。本当にチームで動いているのかなっていうのがありました。僕らの時代と比べて、今はチームで動いていないんじゃないかなっていうのが最初の印象です。

　野球界に限らず、僕らの頃と比べると時代が個人主義的になっているじゃないですか。それで自分の成績さえ上げればっていう選手が多くなってきたんでしょうね。自分がホームラン打って喜ぶ選手はいても、ノーヒットだったけど今日は勝ったって喜べる選手がちょっと少ないんじゃないかなと。本当はそうじゃない人でも、世代的なものでそうなってしまうのかもしれませんが、だからまず勝つということを意識づけなければと思います。

27個のアウトのうち、チームのためになるアウトが1つでも相手チームより多ければ勝つと僕は思っているんですね。選手にもそう思って欲しいというか、まずチームが勝つことが一番だと思ってやって欲しい。

須藤コーチの教え「声を出せ」

二宮　原監督からは、最初はこういうことをやってくれとか、こういう方針でやってくれというオファーはあったんですか。

元木　特にはなかったですね。お前が思う通りにやっていいし、こっちの要望があれば出すしと。基本は僕が教わってきたこと、あるいは新たにU12の少年野球の監督で学んだこと、そういうことを自分で整理して、みんなに言おうと考えています。

二宮　声を出せというのは、元木さんが現役の頃の須藤豊コーチを思い出しますね。

元木　いや、もう全くその通りです。ベンチから牽制の時のランナーに「バック！」って声を出してやれとか、そういうのは須藤さんの教えです。

宮本さんや水野さんがピッチングコーチで、みんな須藤さんの野球を知っているので、そこはやりやすいですね。宮本さんが「声出てるぞ」と言ったら、僕が「まだまだ」とか言いながら。コーチも冗談を言える仲ですし、選手ともそうです。

「コーチだからって偉そうに、「お前、誰に口きいてんだ」みたいなことは、僕は一切言いたくない。言いたいことはお互いに言い合おうよって。ノックでも失敗したら「何やってんだ」ってどんどん言ってこいって。「その代わり、ちょっとキツくなるぞ」とか冗談を飛ばしながらやろうと思っています。

二宮　選手との距離が近そうですね。

元木　初めはやっぱり、元木ってどんな人間なんだろうっていう感じで選手は見ているわけですよ。でも「同じ野球やるなら明るくやろうよ」と言っていたら、分かりましたって（吉川）大幾がどんどん言ってくるようになったので、「大幾、もっと言ってこい。お前が先頭切って言ってきて、周りをそういうふうにさせろよ」とか、そういう感じで入っていって。

そのうちみんなも僕がノックでキャッチャーフライ上げたら、「低いよ～」とかみんな言ってくるようになりました。

二宮　原さんものびのびやろうと言っていましたからね。

元木　監督も、今はもう時代が違うだろうっていうことを考えてやっているみたいですね。昔みたいにガーッて言って「おら、這い上がってこい！」みたいな感じじゃなくて、フォローが必要なんだろうなっていうことですかね。

フォーム以前に「強く振れ」

二宮　吉川尚輝選手や田中俊太選手、あるいは吉川大幾選手、山本泰寛選手といった若手内野手、1、2番を担って欲しいような若手の打撃についてはどうですか？

元木　全体的にしぶとさ、それと怖さがない。だから、実際にはそんなに打たなくても間違ったら一発打たれるぞっていうのをどこかで見せておかないと、相手からすれば怖さがないですよね。

二宮　広島の菊池選手だって一発がありますからね。批判も多いけど、1シーズンに2ケタのホームランを記録するパンチ力もある。

元木　はい。菊池みたいに勝負強くて、相手が嫌がる選手になって欲しいなと思いますね。

二宮　菊池選手のようになるには何が必要でしょう。

元木　だから、もっと振れと。背が低いから飛ばないじゃなくて、とにかく振れと。バックネットから見ていて一番気づいたのは、150キロの甘いストレートに対して、ファウル、打ち損じ、ミスショットが多すぎること。

150キロであろうと、甘いコースに来たら外野まで打ち返すのがソフトバンクや広島。だからピッチャーも甘いボールを投げちゃいけないと思ってフォアボールになる。でもミスショットが多かったら、怖くないから必然的にフォアボールも少なくなるんですよ。

二宮　ミスショットが多いのは、何が原因なんですか？

元木　タイミングの取り方もありますけど、やっぱりヘッドスピードが遅いからだと思うんです。だから強く振らなければいけない。今の若い子は、試合になっても形ばかり気にしちゃっているんですよね。

二宮　形というのはバッティングフォーム？

元木　そうです。こうかな、ああかなとフォームを気にしすぎる。そうじゃなくて、まず振ることだろうと。みんな力を持ってるんだから、まず振ることを考えてやろうと、秋季キャンプでは言いました。

二宮　ということは、技術の前にまずは意識の問題ですか。

元木　意識の問題です。1球は甘いボールは来るはずだから、ミスショットをなくせと。昔は1人1打席、つまり何球かの勝負を僕らはやっていた。今の時代、そんな余裕はない。1球で仕留めないといけない時代になっている。そこの意識を変えないと、ミスショットがなくならないと思うんですね。

3つのストライクのうち1球はあるはずの甘いボールを逃さずとらえればチャンスがある。いい当たりがアウトになってもいいんですよ。それを打ち損じてファウル、三振、内野ゴロとかで終わっていたらチャンスはなくなります。

二宮　1球で勝負しろと。

元木　そうです、1球で仕留めろと。それには何が必要かと言えば、強く振ること。バットが強く振れていない。形よりまずは基本に戻って振ることだと。

少年野球を見ていると、小学生でもバットを長く持って振ったら飛ぶと思ってる子がいっぱいいるじゃないですか。そうじゃない。ヘッドスピードが速くないとダメだよと言っても、長く持っちゃう子がいる。その子たちと変わらないんじゃないかなって思うんです。だから形よりも強く振ってヘッドスピードを速くすることを意識して練習しようと。

二宮　広島や西武、ソフトバンクの選手は風圧で威嚇するぐらい振りますよね。

元木　振るから、詰まってもヒットになりますよね。

西武でバカ振りしている選手は山川（穂高）でしょう。でも、あれでホームラン王を獲っている。打率だって2割8分オーバーあるんだから、別に振って三振したっていいんですよ。

ジャイアンツの岡本だって18年は三振が多かった（120三振）。でも3割、100打点、30本打っているわけでしょう。だったら何が悪いの？って思うわけですよね。やっぱり振らなきゃって思いますけど。

二宮　なるほど。昔は1番や2番打つ人は、コツコツ当てていきなさいという時代がありました。巨人で言えばV9の土井さんや黒江さんの時代。でも、今の時代はそうじゃないんだと。三振してもいいんだというぐらいに振り切れと。

元木　立岡（宗一郎）や吉川尚輝にも言ってるんですけど、お前ら力あるし、一発打てるんだから、なぜそれをやらない。足が速いからって三遊間におっつけたバッティングばかりしていたら相手も怖くないだろう、と。

おっつけたバッティングで4割打てるのなら文句ないですよ。でも、結局2割ちょっとで終わるなら変えなきゃって。「インサイドに来たら思い切って引っ張れ。そっちのほうが怖いから。外に来たらコンと三遊間に打てばいい」と。グラウンドを90度見て、強く振ろうっていうことを指示していますね。

小林誠司に言ったこと

二宮　小林誠司選手なんて、侍ジャパンでは結果を残している。シーズンで打てないというのは、何か原因があるんでしょうか。

元木　余計なことを考え過ぎていると思うんです。だからオールスターでは打ちますよね。まっすぐ勝負してくるのが分かっているから、思い切って振るじゃないですか。あいつ、練習でもボコボコ打つわけですよ。力はあるんですよ。

だから、誠司には「もうそろそろいい加減、周りを黙らせてやれよ」って言いました。「一度首位打者に浮上して、そこから一番下まで転落するっていないけどな。ふつうは落ちても真ん中ぐらいにいるぞ」って言いながら。

「お前が三振しようがなにしようが、アウトになるのは別にかまわない。ただ三振を怖がって、何か言われるのがイヤだからって、コンと当ててゲッツーとかだけはやめてくれ。振ってゲッツーになってくれ。それだったら俺、拍手してあげる。ツイてないな、いいスイングしてたよ」って言ってあげると。

二宮　そう言われたら、選手も気持ちが吹っ切れますよね。

元木　振っても当てにいっても、どっちにしても三振はするんだから、それだったら自分が納得のいくスイングをしなさいと。

二宮　そこで炭谷（銀仁朗）選手が入ってきた。小林選手にしたら、また結果が出ないと使ってくれないんじゃないかと不安でしょう。

元木　だから、まだ炭谷の移籍が決まっていなかったときに誠司に言いました。「いろいろ噂はあるよな。もしそうなったら、お前と同じタイプなんだから、絶対負けるなよ。悔しかったら負けるな。でも炭谷も俺は応援するよ、コーチだから。俺は平等に見る。でも気持ちで負けちゃいけない。炭谷さんが来るからとか、阿部さんがキャッチャーに戻るからとか、余計なこと考えるな。お前が打ったら、お前の肩があれば絶対に試合に出られるんだから」と。

二宮　小林選手からしたら、一度は去ったはずの阿部選手がキャッチャーに戻るのも複雑だと思うんですよね。

元木 なぜそうなるのか。ということは、自分が頼りないからだということに気づかなきゃダメですよね。

二宮 ああ、逆にね。

元木 そこで、「阿部さん、ファーストに行っててください」くらいの気持ちを持たなきゃダメです。ヤバイ、ヤバイなんて思っていたら必ず抜かれますから。

二宮 移籍してきた選手も平等に見るとおっしゃったけど、外から来た選手に元木さん、どんな声をかけますか。

元木 「元の球団ではどうやってやってたの?」というところから始めたいと思います。その選手の考えをまず聞きたいですね。移籍してくる選手は実績があって、知名度もあるわけだけど、どんな人間なのかはよく知らない。

実績を積んできた選手には、彼らが今までどうやってきたのかを聞きたいです。でもそれで最近うまくいってなかった選手なら、何か変えるものはあるんじゃないのかと。だって、大きな戦力になると期待して入ってもらった選手たちですから、やってもらわないと困るんです。

二宮　中島宏之選手とか炭谷選手って、巨人にあまりいなかったキャラですよね。

元木　いないですね。巨人の選手は総じて大人しい。だからもう、彼らにどんどん引っ張っていって欲しいですね。

二宮　原さんも、そういう部分を巨人に注入して欲しいと思っているでしょうね。

サードコーチャー・元木

二宮　それにしても、守備もバッティングも見る仕事は大変ですね。

元木　まあ大変ですね。守備は内野だけなんですけど、サードコーチャーの仕事もある。

二宮　勝利に直結する仕事ですから、責任が重いですね。

元木　これまでは外から見ているだけでした。ところが実際、その中に入って集中して見てみると、外野手の送球がピッチャーより速いんじゃないのっていうぐらい速いわけですよ。だからそのへんを見極める技術を上げていかないと。

二宮　手を回さなかったら、なんで回さないんだって言われるし、回してアウトになったら、それはそれで批判にさらされる。
元木　目標は、シーズン中に代えられないことですね（笑）。
二宮　アハハハ。途中でクビになる人もいました。
元木　あの須藤さんだって代わりましたから。そうなったらちょっと寂しいので、せめて1年やってから代えてくれないかなって（笑）。
二宮　サードベースコーチは一番難しい役割ですね。でも今はコリジョンルールで、本塁のクロスプレーではランナー有利になりましたね。
元木　有利です。だから僕らがやってきた時代の感覚で、どっちだ？　と思ったら、回します。
二宮　五分五分ぐらいだったら回すと。
元木　それでキャッチャーがブロックしてくれたり、ボールが逸れてくれてればラッキーという感覚で。ボールが逸れて足だけベースに残っているということはないし、追っかけタッチになる。そうなるとスライディングのほうが速いでしょう。

二宮　リプレイ検証ではセーフになることが多い。状況にもよりますが、リスクが半分だったら回したほうが得でしょうね、今は。

元木　そう思います。

ハートは須藤、頭は牧野

二宮　4年連続V逸という崖っぷちの状況下で3回目の監督を引き受けた原監督が、元木さんを一軍コーチに招聘した。その真意は、チームを中から変えていきたい。生まれ変わらせたいということだと思います。それと生え抜きの意地。

土俵際に追い込まれた巨人を、どう変えるか。そのキーパーソンが元木さんだという声が少なくない。

元木　それはありがたいですね。僕は僕のスタイルでやっていただけで、長嶋監督が「クセ者」と呼んでくれたことから始まって、元木は何かやってくるというイメージがある。それは大事にしたいですね。周りが付けてくれたものですから。

そうしたイメージがあるおかげで、僕がサードコーチャーに立ってる時にちょっと変な動きをしたら「あれ？　ピッチャーのクセばれてんのかな」と慌ててくれるかもしれない。「元木が野手の動きをじーっと見てるけど、あいつ何見てるんだろう」とか、気にしてよそ見してくれるかもしれない。

ボールから目をそらして、元木の動きを見とけっていうふうになったら、万々歳ですよね。

二宮　元木さんの演出ではなく、周りが勝手にね。

元木　はい。だからバッターに100％集中できない。こっちも見とかなきゃいけないっていうふうになったらいいなと思っています。もちろん僕も相手ベンチの動きとかそういうものを観察しながらサードコーチャーができたら最高ですね。

二宮　さっき須藤さんの名前が出ましたけれども、元木さんの役割は、精神的には須藤さんかもしれないけど、頭脳的に牧野茂さんの役割もあるんじゃないかなと私は考えています。

元木　牧野さんと一緒にやっていないので分からないんですが、それはどういう役割ですか？

二宮　言い方は悪いけど、いい意味で知能犯みたいな。

元木　それは、もうありがたい言葉ですよ。僕みたいなスタイルでやってる選手にとっては。

二宮　だからハートは須藤、頭は牧野みたいなね。

元木　そうなるとありがたいですし、そういう野球をしたいですね。相手のクセが分かればよし、たとえ分からなくても、あれ、なんか見てるぞっていう雰囲気を出したいですよね。

二宮　それはまさにコーチの役割ですよね。

元木　はい。ジーッとしてサイン出して、腕を回したりストップをかけたりだけがコーチの役割ではないと思っています。練習試合とかでも、後ろに立ったり前に立ったりして、ピッチャーをどうやって見たら見やすいかなとか、そういうのはやりましたね。コーチャーズボックスの範囲内で。

二宮　なんか元木さんが怪しい動きしてるというだけで相手はプレッシャーがかかるで

しょうし、ひいてはそれがチームの力になる。元木さんにはクセ者のイメージがあるからね。イメージを最大限に利用するということでしょうね。

元木　それは利用したいですね。あの時、なにやってたんですかって言われたら、それは答えられないと（笑）。

二宮　そうしたら、何かバレてるかもしれないぞと相手は考える。

元木　それでサインを変えてくれるだけでも、サインミスする選手も多くなる。それだけでも十分です。バッターボックスで「あのサインなんだっけ？」と思わすだけでピッチャーに対する集中力がなくなるわけですから。

ファンも喜んだ、ある練習風景

二宮　川上監督の時代、「牧野学校」という言葉がありましたけど、「元木学校」では、どういう選手を育てたいと思っていますか？

元木　そうですね、スキあらば何かやってくれる選手。何かあいついやらしいなとか、相手に嫌がられる選手がいてくれるとありがたい。

　面白いのは、選手の中にサングラスかけて練習しているのがいる。口だけ歯を食いしばって目はコーチの動きを追っている。で、言ったんです「サングラス禁止にしようか。お前ね、口だけクーッってやってるけど、目がキョロキョロしすぎ。コーチの動きを見すぎ。それは昔、俺が全部やってきたことだから、バレバレだよ」って。

二宮　ああ、なんかやっているふうに見せてサボる。でも元木さんも同じことをやってきたからバレバレだと。ふつうの人は騙せてもクセ者は騙せないということですね。

元木　だからふつうなら横目で見るところを、わざと「お前見てるよ」っていう目線にすると、誰かが気づいて「見てる、見てる」っていう感じで、急に真剣にやりだしたりするんです。

　明るくやりたいのはもちろんのことですが、同時に厳しいところも選手に見せておく必要がある。「(吉川)尚輝、お前、今日休ませようと思ったの。でもしょうがないよな。お前、分かってるよな。だったらやろう」と言って練習させたり。

　ある時、宮崎の昔の本球場で2人しか観客がいなくてガラガラだったんですよね。だから「尚輝、お前も人気ねぇんだなあ。勇人だったらいっぱい連れてくるぞ。よし、ファンが10人になったら終わってやる」って。

そうしたらあいつが見に来ていたファンに「誰かに電話してー」と叫んだ。同じ練習でも、そうやってやったほうがやる気が出ると思うんですね。厳しさの中に明るさのある練習ということは常に考えてやっていますね。

二宮 須藤さんはマイク使って声を張り上げていましたね。

元木 「走ってこーい!」とかね。

二宮 そうそう。あれが出るとお客さんは大喜び。

元木 僕はマイクは使わないけど、そういう冗談も出るような雰囲気の中でやっていると選手も疲れないんです。須藤さんはお客さんにも協力させていました。

尚輝の話ですが、16時くらいにそろそろ終わろうと思ったら、尚輝が「後ろ見てください」って言うので見たら、「わっ、10人来た。終わりだ。よし、ラスト3本!」と。

二宮 まさに厳しさの中に明るさのある練習。

元木 そうなんです。昔みたいに、「お前、明日からビシビシいくぞ」では今の子はなかなかついてこない。ちょっと笑いも入れて、明るく、でも、やるからにはちゃんとやろうと。

ファンが10人になるまでって言えば、もう少し頑張ろうという意識も高まるし、ファンサービスもできるわけですよ。「呼んでくださーい」とか言ってるわけですよ。でも、あとで聞いたら2人は尚輝じゃなくて外野手の子のファンだったんですけど。

二宮　アハハハ。オチがあるわけですね。

元木　「ありがとうございます」って、あいつ言ってたから。その子も、「すいませーん」と僕にも言ってくるから、いや、いいんだよって、尚輝が喜んでるだけだよって返しました。

ファンが喜ぶキャンプを

二宮　元木さんも須藤さんみたいにマイクを復活させたほうがいいんじゃないのかな。

元木　「走って来いー」って、僕が言ってもいい立場なのかなとか思っちゃうんですよね。

二宮　今でもあれをやったらファンは喜びますよ。

元木　須藤さんより僕、声が通るんですよ。だから、けっこうファンにも聞こえていると思います。

で、秋季キャンプのノックの時に、4人ぐらい泥まみれにしてやったんですよね。そしたらもう長嶋さんのケンカノック復活みたいな。長嶋さんがノック打って僕が転がってるシーンの映像が出たりして。

そうしたらファンは、けっこう喜んでくれてるんですよ。いや、楽しかった。元木が打つノックは面白い、みたいに言ってくれたので。見ているほうが面白いということは、選手も見られていることを意識して、みんなが集中して一つになってやっているってことですから。

二宮　あれは学生の部活にはない、プロの面白さですね。お客さんあってのプロですから。

元木　はい。こっちもノック打つのはしんどいんですよね。プロはエラーをしませんから。中学生相手だとすぐにエラーしてくるから「3本！」と言って、左右に動かして走らせるんですけど。プロはなかなかエラーしませんから。
　たまにエラーした時には、「3本！」と言って、尚輝なんかに3本やらせたら、次のヤツが受ける前に「落とせー」とか言ってるわけ。「お前、チームメイトに落とせはないだろう」、「いやー、キツイッす」とか言って。そのやり取りをまたファンが喜ぶんですよ。
二宮　巨人が強い時は、春の宮崎キャンプに活気がありましたね。あれだけの大観衆に見守られて。元木さんの頃は松井さんがいて、落合さんがいて、清原さんもいた。土、日になると県外ナンバーの車がたくさん目に付きました。
元木　すごかったですもんね。
二宮　あの頃のようなキャンプの活気づくりも大事じゃないかなと思いますね。球場に行けば何かがあるというワクワク感を復活させてもらいたい。

「弱いんだからやらなきゃ」

元木　それ、相川（亮二・一軍バッテリーコーチ）とも話したんですよね。「秋のキャンプで俺ら、メチャメチャ走らされたよな。ノック終わって、バッティング練習終わってからもランニングあったよな」って。

今もランニングはあるけど、3本ぐらいで終わるんですよ。すると相川が、「元木さん、これで終わらないですよね」って。「いや、今の時代、あるんじゃない。でも3本ぐらいだもんな」と。そしたらすぐに「ラスト1本！」とかになって、相川がこっちを見て、「えーっ、これランニングじゃないじゃん」って顔をしていました。

やっぱり今の時代なんですよね。タイム計ったりするのもいろんな機械があって、確かにスタートとか走る速さとかを数字で出すのは、それはそれでいいんですけど、そうは言ってもと疑問に感じ、コーチに言ったんです。

「俺ら弱いチームだから、根性論もあるでしょう」と。相川も「お前らメニューなんかねえんだよ、根性っていうメニューがあるんだよ」とか言って。

二宮　おお、いいこと言うな。

元木　だから「やれ！」と言って、雨が降ってきてもティーバッティングをしてたのが、山本泰寛と松原聖弥。松原なんかずっと育成でしょう。だったら1軍と同じメニューでいいの？　一軍が30本打ったら、お前はさらに倍でしょうと。

それからずーっと連続打ちをやらせて。そうしたら急にオエッと言いだした。「お前、記事になっちゃうから球場で吐くなよ」ってこっそり言いました（笑）。

二宮　逆に言えば、それだけ鍛えられてなかったっていうことでしょうね。

元木　そう。やってないです。やっても10本ぐらいで1セット終わり。いや、今、中学生でも10本以上やりますから。

二宮　ロッテ時代の西村徳文さんはスイッチヒッター転向時、手がバットから離れなくなってそのまま寝ていたらしい。

元木　本当に手がバットを握っているような形になるんですよ。杉良太郎さんの前の奥さんに「大ちゃんって、ずっとバットを持ってるみたいな手だよね」って言われたくらい。若い頃にこうなって、ずっとこうなんですよ。今、そういうのが足りないだろうと、振る力ってそうやって覚えていくんじゃないかなと思いますよね。

二宮　なるほど。そういうちょっと理不尽なところも必要だと。

元木　必要です。

二宮　第一次長嶋政権の5年目、5位に終わったオフの秋季キャンプ。〝地獄の伊東キャンプ〟として語り草になっていますが、あれだって科学的根拠はないけれども、チームに一体感は生まれました。

元木　それが証拠にいまだにあのメンバーは仲良しですしね。そういうのが必要ですよ。だから、もう監督がいてもマスコミがいても、はっきり言いました。「弱いんだからやらなきゃ」って。たぶん、これまではそれを言ったらいけないみたいな雰囲気があったわけでしょう。でも事実弱いんだから、やるしかないでしょうって。だってこの世界、結果が全てなんですから。

「ダイスケ、ミスしても堂々としてろ」

二宮　今回のコーチ陣は、気心の知れているメンバーですよね。言わなくても分かるっていう意味ではいいと思うんですけど、やっぱり強いチームはコーチ同士がいい意味で張り合っている部分がある。それはそっちの責任でしょう、くらいのことは言い合える関係なのかどうか……。

元木　それはもう当然、ピッチャーが抑えてバッターが打たなかったら「すいませんでした。今日はバッターのせいです。先発ピッチャーに謝っといてください」と言いに行きます。僕、現役の時からそうでしたですから。

打てなかったら、ごめんな、次打ってやるからって言っていました。だからコーチ同士でもピッチャーが打たれたら、「しっかり抑えてくださいよ」みたいなことは言いたいなと。逆に「お前らちゃんと打てよ」「ちゃんと守れよ」って言われるのももちろんありです。ただ、「今日のはサードコーチャーのミスだよ」って、それだけは言わないでと思ったり（笑）。

二宮　サードコーチャーは判断が難しいですからね。

元木　でも原監督も言ってくれました。「ダイスケな、ミスしてもいい。その代わり、ミスしたっていう態度だけは見せるな。堂々としてろ。堂々と俺が回したんだっていう気持ちで立ってろ。絶対、そういう態度が相手にスキを与えるから」と。

二宮　今のコーチ同士は遠慮なくガンガン言い合える関係ですか。

元木　はい。そういう意味で仲がいいですね。傷をナメあうのは絶対にダメですから。「監督が自分を気に食わなかったら、殴ってください。パワハラで訴えませんから」って言うくらいじゃないとね（笑）。そのぐらい腹を据えてやらないと、選手もついてこないですよ。

原監督、3度目のプレッシャー

二宮　ところで、さっき落合さんとか清原さんのことを聞きましたが、身近で見た原さんの現役時代の印象は？

元木　選手の時はやっぱり兄貴分ですよね。年も上で生え抜きの大スターでしたから。原さんと篠塚さんが両トップでしたから、そこに落合さんが来た時にどうなんだろうなって思ったものです。落合さんはやっぱりオレ流で、キャンプの時も一人部屋じゃないとイヤだって。で、球団も気を遣って原さんと篠塚さんも一人部屋になりましたね。

二宮　それまでは一人部屋じゃなかった？

元木　二人部屋です。

二宮　落合さんを一人部屋にする以上は生え抜きもということでしょうか？

元木　そうでしょうね。だからその三人が一人部屋になって、それだけ僕の仕事が増えたんですけどね。朝起こしてくれと（笑）。

でも、原さんは紳士でしたよね。お酒飲んでも、「ダイスケ、飲んでるか。飲めよ」と言って「いただきます」って、今はダメでしょうが当時は一気ですよ。「いただきます」ってグビッて飲んだら、原さんもふつうに飲むんですよ。お前に飲ますんだから、自分も飲むからっていうタイプの人です。飲ませるだけの先輩は信用されませんね。

1回目の監督になったばかりの頃は、僕のほうが兄貴分の延長みたいになっちゃって。でも勝っていく中で自然と「監督」になっていったんですよ。

二宮　やっぱり立場が人を育てるというのもあるんでしょうね。

元木　そうですね。あれだけ何度も優勝して名将になっていったわけですから。でも、もう実績があるから3回目は楽かというと、そんなことはない。むしろ、ここでミスできないというプレッシャーもあると思います。巨人をなんとか変えなきゃっていう監督の強い意志が伝わってきますから。

二宮　本当に切り札の切り札というか、土俵際ですからね。

元木　はい。だから周りがいろんなことを言いますけど、結局、じゃあ誰ができたのっていう話なんですね。新しい監督を連れてきて優勝できなかったらまた批判されるわけじゃないですか。

ゴマすりコーチにはなりたくない

二宮　確かに。ところで、元木さんが牧野さんの役割かなと思ったのには、ちょっと理由があるんですよ。

ご存じのように、原さんが巨人に入った時の監督が藤田さんですよね。その時、藤田さんが作戦面を牧野ヘッドコーチに任せて、何も口を挟まなかったと聞いたことがあるんですよ。たぶん、あの藤田さんの成功体験、あのときの牧野さんの仕事を元木さんに担わせたいのかなと……。

元木　いやいや、そんなこと、恐れ多いですよ。

二宮　牧野さんは外様だけども元木さんは生え抜きだから、これはもう俺の分身でやってくれということかなとも。

元木　いや、もう本当に監督はすでに名将ですから恐れ多いんですけど、気持ち的には監督の顔色を見て僕は仕事をやりたくないと思っています。

二宮　それは信念ですね。

元木　たとえば監督が怒っている。何に対して怒ってるのかというのを感じた時、選手に対しては、「大丈夫、俺が後で謝っておくから。好きなようにやれよ」っていう気持ちもありますし、逆に、監督がこう考えてるんだから、組織として動かなきゃいけないっていうときもある。それはその時の状況、監督の雰囲気とかを見て判断したいなと。一番やってはいけないのは、「いや、僕は言ってるんですよ。でもあいつ、言うことを聞かないんですよ」と監督に言ったり、選手に対して「お前、聞けよ、この野郎」ってなること。そういうのはコーチじゃないと思っています。

二宮　原監督にしてみれば、元木さんはそういう反面教師的な現場も見てきて一番よく分かってるから頼んだぞ、責任取るのは俺だからな、という思いもあるのでは。

元木　でも、ゴマをするコーチになりたくないっていうのはありましたけど、監督からコーチをお願いされた時はやっぱりすごくうれしかった。監督が「頼む、ダイスケ」って言ってくれた時には。

「俺でいいんですか？」と正直思いました。こんなジャイアンツがダメな時に、俺でいいんですか？ と思ったんですけど、やっぱりジャイアンツに恩返ししたい。それと両親が生きてる間に、もう一度ユニフォーム姿を見せたいという思いもあったので、すごくうれしかった。もう女房に相談もせず返事をしましたから。

二宮 ジャイアンツ愛ですね。

元木 あとで女房も「良かったね、おめでとう」って言ってくれました。

二宮 奥さんも後押ししてくれたんですね。

元木 子供の送り迎えとか今より大変になりますけど、でも一生懸命助けてくれますから、その意味でもやっぱり結果出さないと。優勝して家族をV旅行に連れて行ってやりたいなって思っています。

巨人の4番は打つだけではないものを持っていた

二宮 プロ野球は強いチームでも10回やれば4回は負ける。負けても明るくとは言いませんが、お通夜みたいな雰囲気はファンを遠ざけますね。

元木　ちょっとチームに華が足りなかったかもしれませんね。

二宮　元木さんには巨人の新しい顔として4番の岡本選手を育ててもらいたいという思いもあります。来年（20年）にはオリンピックもありますからね。

元木　まあ、まだ若くて遠慮がありますね。でも彼ももともとは明るい人間じゃないですか。インタビューで「ジョニー・デップです」とか言っちゃうヤツじゃないですか。それが18年になってもう言いません、野球に集中しますと。まあそれだけ自覚はできたわけですよ。1年間の数字も付いてきた。

だったら岡本には、もっとチームを引っ張っていくようなものが欲しい。もっと声を出させます。やっぱり声が出ないから、暗い雰囲気になっちゃう。声をバーッと出していれば、あいつ面白いなって自然になっていくと思うんですよ。

二宮　一時期巨人の4番に座った中畑清さん。右バッターで通算打率2割9分は立派です。しかし、それ以上の何かがありましたね。

やはり長嶋さんは特別

二宮　原さんが現役を引退する時、「巨人には聖域がある」と言いました。聖域というのは長嶋さんのことじゃないかと想像しました。

というのは、長嶋さんが最初に監督をされた後を藤田さんが引き継ぎ、そのことでちょっと悪役のようになった。長嶋さんのあとに座ったというだけで。その藤田さんの1年目に原さんが東海大からドラフト1位で入団し、優勝した。3回目の原政権で、2代目・若大将を育ててもらいたい、と思っているG党も多いのでは……。

元木　聖域と言えば、そこがやっぱりミスターのすごいところですよね。

ミスターが白って言えば白になる。それも「仕方ないな」とかではなくて、「あっ、ミスターが言うんだったら白ですね」みたいな感じで。たしかに「えっ?」みたいに思うことは人間だからあるけれど、でもそれでミスターを嫌いになるとかはないんですよ。

とにかく好かれる。嫌われない人。「それはなぜ?」って聞かれても、「だからミスターなんですよ」としか答えようがない。普通の人だったら、「これは白なんでよ」って言ったら、「何言ってるの？　黒でしょう」という人も出てくるじゃないですか。でもミスターが「白なんです」って言ったら、「そうだよな〜」ってなるんですから、不思議ですよね。

二宮　国民栄誉賞の第1号が王貞治さん。長嶋さんはその36年後に松井さんと一緒に受賞しましたけど、私には違和感がありましたね。だって、長嶋さんは国民栄誉賞を超えた存在ですから。

元木　そうなんですよね。

原さんは長嶋さんを超えようとしている!?

二宮　これはあくまでも私個人の見方ですが、原さん、3度目の監督ですよね。長嶋さんが2回、藤田さんも2回。でも3回は誰もやっていない。巨人において原さんは長嶋さんができなかったことをやろうとしているんじゃないでしょうか。

私は本当は原さん、実績からして東京オリンピックで代表チームの監督をやるべきだと思っていました。でもそれがなくなった今、原さんの目標は何か。それは〝聖域超え〟でしょうね。そのためには圧倒的なチームをつくらなければならない。

元木　優勝しかないですよね。

二宮　そのためのキーマンとして元木さんを呼んだと思います。先に牧野さんと須藤さんの両面をやってくれという話が出ましたが、文字通りの参謀ですよね。

元木　大変ですよね、本当に。でも、初めてでいきなりこれぐらい厳しいことをやらされて、やりがいはあります。ある意味、自分の中で楽しみもあります。

何がなんでも勝ちたい巨人に戻れ

二宮　仮に今季（19年）、V逸となれば球団史上ワーストです。良くも悪くも昔の巨人は、何をしても勝ちたいというチームでした。〝別所引き抜き事件〟や江川卓さんの〝空白の一日〟。勝つためには世間が眉をひそめることでも平気でやった。あの大人げのなさはどこに行ったんだろうと、少々心配しています。

元木　とにかく勝ちたい。勝ちたいですね。僕らも選手でやっているときはそういう気持ちが強かったですからね。そういう気持ちの部分だけは、今の巨人の選手に勝っているかもしれない。

二宮　そういう意味では、今年の原巨人は期待が持てます。FAで大物を獲得し、ルール違反じゃないだろうと開き直るところにも好感が持てます。大人げなさが戻ってきました。やっぱり巨人は〝ジャイアン〟じゃなきゃ。

元木　生前、星野さんがオリックスのことを言っていました。一時期のオリックスは中島がいて、糸井がいて、小谷野がいてと、パ・リーグのスーパースターが集まったわけじゃないですか。でもBクラスだった。

星野さん、「俺にオリックスの監督をやらせたら、絶対日本一にさせる」って言っていました。ある意味、扱いきれないヤツらばかりだけど、それをうまく束ねてみせると。

二宮　オリックスには結集軸がなかったんですね。そして監督には求心力が必要ですね。

元木　だから僕、仰木さんはすごいなと思いましたね。イチローでもパンチ佐藤さんでもうまく扱って、ああやって日本一にさせて。仮に今、イチローがオリックスに帰ってきたとしても、イチローが目立ちすぎて選手がポカーンとなって、空中分解しかねないと思うんです。お客さんは入りますけど。

二宮　そうでしょうね。仰木さんが鈴木一朗をイチローに改名させたように、長嶋さんは元木さんに〝クセ者〟という代名詞を与えました。それが〝クセ者コーチ〟の物語の始まりですよ。

元木　ありがとうございます。やりがいがありますよ。

ファンを当たり前と思うな

二宮　元木さんが現役の頃は巨人の一極集中でした。今は平準化してきています。そのへんの受け止め方はどうですか？

元木　昔のように、全国どこへ行っても巨人ファンがいるという状況ではないでしょう。実際問題、ファンは減ってる。でも、他球団との比較で言えば多いと思うので、いつでもファンがいるっていう感覚を当たり前だと思っている選手たちが多いと思います。

それは違うと思うんですね。これだけのファンが応援してくれていることをありがたく思わなきゃ。それは引退して現場を離れてよく分かりましたし、現役時代でも東西対抗なんかのときに野村さんに言われましたから。

「ジャイアンツの選手には分からないと思うけど、パ・リーグの選手とか、客が入らないチームは、こういう時に頑張らなきゃいけない。ジャイアンツは当たり前だと思っているだろうけど」と。言われてみると、確かにその通りだなって。

だから、解説をやっている時でも「ああ今日も一杯だ。ありがとうございます」と心の中で思っていました。ちょっとでも空席が目立つとショックでしたね。

二宮　昔から、インタビュー時間をオーバーしても帰らないのが野村さん。サッチーさんが迎えに来ていても帰らない。もちろん野球の話が好きだからというのはあるんですが、要するにパ・リーグの南海時代の体験が根底にあるんだと。
もう一人は仰木さん。西鉄時代に選手として56年から58年にかけて3連覇を経験しましたが、それでも全国区にはなれない。巨人に比べてメディアの扱いは小さい。監督の仕事はただ強いチームをつくるだけではなく、スターを育てお客さんを呼ぶことだと。それが近鉄時代の野茂英雄、オリックス時代のイチローにつながったのだと生前、私に話してくれました。

元木　巨人もそこに気づかないとね。

二宮　元木さんも、一度ユニフォームを脱ぎ、各球団を回りました。やはり巨人は恵まれていますか？

元木　そうですね。当たり前だと思っちゃダメですね。もっともっとファンを増やさないといけないですね。

二宮　そのためにも、キャンプでマイクを持ったほうがいい（笑）。

元木　マイクもいいかもしれませんが、新聞記者のみなさんは「雷が落ちないですね」って言うんですよね。でも、それはあなたたちが書きたいだけでしょって。

マスコミの前で雷は落としません。落とすなら誰もいないところでやります。それが選手のためだと思うので。選手を使ってコーチが目立つ必要はないと思うし、俺が雷落とすから書いてくれなんてことはしたくないですね。

「元木＝牧野」説の根拠

二宮　良いコーチとは何か。その前に悪いコーチとは何かを考えれば分かりやすいと思います。「責任は選手。手柄はコーチ」ならば、この逆が良いコーチということでしょう。

元木　そうですよね。そういうコーチなら選手も納得ですよね。ミスしたのは、俺がサイン出したから、俺が動かしたからだと言ってくれれば、選手も納得します。あいつが勝手に走ったんだとか言う人はダメですよね。

二宮　まあコーチも中間管理職として大変だと思いますけどね。

元木　やっぱり平等でなければダメですよね。

二宮　元木さんは落合さんや清原さんなどヨソから来た大物ともうまく付き合ってきた。その意味では猛獣使い的なスキルを持ち合わせているんだろうと思うんです。こうした経験もコーチとして活きてくるとみているのですが……。

元木　まあ、いろんな人が来ましたからね。もういらねえだろうっていうぐらい（笑）。

二宮　落合さんぐらい気を遣う人は、この先もう巨人に入ってこないでしょう。人付き合いというスキルも立派な指導者としての資質だと思います。

選手を「一人ぼっち」にさせない

元木　FAなんかで入ってくる大物選手も不安だと思うんです。清原さんだってそうでしたから。そこから面倒を見るのはチームにいる我々ですからね。

僕は高校を出て1年間、ハワイに留学した。あれが生きたんだと思うんです。だって一人ぼっちで、すごく辛かったですから。

その経験があったので、僕が現役のとき、英語はろくにしゃべれないけど、外国人選手をすごくかまってあげることができた。早くチームに溶け込んでくれと。僕はハワイ大学のチームにも行ったんですけど、全然溶け込めなかった。お前誰だ？　みたいな雰囲気で、誰も相手にしてくれなかった。

むしろ草野球のほうが溶け込めました。みんなが頑張ろう、頑張ろうってやってくれてたので、英語はしゃべれなくても、草野球の仲間たちといると気分が落ち着いたんですよ。

そういう経験があるから、外国人選手が来ると、とにかくカタコトの冗談でも言ってコミュニケーションとってあげたいなと。変な日本語を教えるかもしれないけど、仲間にしてあげたい。これは自分の辛かったハワイでの経験が元になっているんです。

二宮　元木さん、いい意味での人たらしですよ。なんか元木さんには話したくなるような雰囲気がある。女性にモテるのも分かりますね。

元木　最近モテないですけどね（笑）。

二宮　元木さんだったら話を聞いてくれるんじゃないかと、相手に思わせる雰囲気がある。根がやさしいのかな。

元木　そうなんですかね。とにかく誰であろうと一人ぼっちにさせたくないです。チームなんだから。

活躍してる、してないじゃなくて、チームメイトじゃないですか。メジャーリーグだって、いろんな国から来た選手が混ざりあっていても、強いチームはやっぱり一つになっていると思うんです。だったら僕らも一つにならなきゃいけない。逆に言えば、そのために勝つ。勝つためには、何が必要かっていうことです。

二宮　三原脩さんが、「アマは和で勝つけど、プロは勝って和ができる」と言った。特に巨人のような出入りの激しい球団は人間関係が重要になってきます。ますます元木さんの出番です。

元木　とにかくコミュニケーションをとってあげたいですね。たとえば移籍組の人たちがゲージの後ろで突っ立っていたら声をかけて、あそこでバット振れよと。分からないことがあったら、若いヤツらに聞いたっていいんだからと。逆に若い人たちには、来たばかりの人たちはシステムが分からないんだからお前らが教えてやれよと。

二宮　最近の若い選手はあまり怒られて育ってないから、かえって怒られたいんじゃないですか、愛情表現の一つとして。

元木　そうかもしれないですね。それで「何も言わせないくらいやってやるから黙って見てろよ」くらいの気持ちになってくれたら最高ですよね。

二宮　生え抜きの若手と移籍組のベテランを分断させずに、お互いをうまく融合させる。

コーチの腕の見せ所ですね。

元木　そこはやっぱり結果を出した者勝ちですから。僕が放っておいても、全員が結果を出してくれれば優勝しますから。

だから、いかにそういう気持ちにさせるか。ただ、みんなの数字がいいだけでは優勝はできないと思います。タイトルホルダーがそろっているのに、阪神は優勝できなかった（14年）でしょう。優勝するにはやっぱり、チームが一つになっていかないと。

二宮　元木さんだったら、扱いにくいと言われているような外国人選手とでも仲良くなれるんじゃないかと思うんです。誰とは言いませんが（笑）。逆に言えば、腹を割って本音を聞いてあげてその気にさせたら他球団は怖いですよ。それができるのは、元木さんしかいないんじゃないかな。

元木　自分の思うところを遠慮せずに出しながら頑張りますから、ぜひ応援してくださ い。よろしくお願いします。

終わりに

最後までお読みいただいたみなさん、本当にありがとうございます。

本書に収録された二宮先生との対談は２０１８年の8月下旬から始まりました。U12の世界大会（カル・リプケン12歳以下世界少年野球大会）の監督として優勝することができてホッとしていた頃です。それから何度か対談させていただいたのですが、その最中に原新監督から電話をいただき、ジャイアンツのコーチに就任することになりました。ですから、最後の章で、まだコーチ契約を結ぶ前に行われた２０１８年の秋季キャンプの様子なども少しだけ語ることができました。

僕は、やるからにはとにかく勝ちたい、優勝したい。そのためにはこうあらねばという考え方の基本は本書で語った通り、チームが一つになることです。

では、そのために僕に何ができるのか。もちろん監督の考えるところを頭に置きつつ、自分の頭で考え、やってみてという試行錯誤を繰り返しながらやっていくしかありません。ただ、どこに行き着きたいのかははっきりしていますから、そこを見失わないようにやっていこうと思っています。

現役時代、長嶋監督から「クセ者」というありがたい呼称をいただき、野球選手としてそう見られたいと思ってやってきたのが元木大介という人間です。これからもジャイアンツのコーチとしてそう見られたい。何かやってくるんじゃないか、そして実際に何かやらかす元木でいたいと思っています。

読者のみなさんには、こんな僕の生き方が少しでも何かのヒントになったり、プロ野球をもっと楽しんでいただくことにつながりましたら、とてもうれしく思います。

最後に、僕の考えを本にしていただく機会を与えてくださった二宮清純先生に感謝して、終わりの言葉としたいと思います。

みなさん、精一杯頑張りますから、応援よろしくお願いします！

元木大介

2019年3月吉日

編集協力　株式会社アワーソングス クリエイティブ
株式会社スポーツコミュニケーションズ
編　　集　飯田健之
DTP制作　三協美術

長嶋巨人　ベンチの中の人間学
2019年6月13日　第1版第1刷

著　者　元木大介　二宮清純
発行者　後藤高志
発行所　株式会社廣済堂出版
〒101－0052　東京都千代田区神田小川町
2－3－13　M&Cビル7F
電話 03-6703-0964（編集） 03-6703-0962（販売）
Fax 03-6703-0963（販売）
振替 00180-0-164137
http://www.kosaido-pub.co.jp

印刷所
製本所　株式会社廣済堂

ISBN978-4-331-52235-6 C0295